Schnecken und Blattläuse
sicher bekämpfen

Feryal Kanbay

Schnecken und Blattläuse

sicher bekämpfen

AUGUSTUS

Bildnachweis

Limbrunner: S. 10, S. 11 o. , S. 11 u., S. 15 u., S. 32 u., S. 33 o., S. 42

Hecker: S. 2, S. 9, S. 12 o., S. 12 u., S. 13, S. 24, S. 31, S. 32 o.,
 S. 33 u., S. 49 o., S. 49 u., S. 50 o., S. 50 u., S. 51 u., S. 56 o.,

Kirschner: S. 6, S. 18, S. 19, S. 20, S. 21, S. 23, S. 26, S. 27, S. 28 u.,
 S. 28 o., S. 34, S. 38 u., S. 51 u., S. 52, S. 53, S. 55 o., S. 55 u.

Sauer: S. 1, S. 14, S. 15 o., S. 37 o., S. 38 o., S. 39 o., S. 56 u.,
 S. 57 o., S. 58 u.,

Redeleit: S. 5, S. 7, S. 16, S. 17, S. 22, S. 25, S. 30, S. 44, S. 46,
 S. 48 o. li., S. 48 o. re., S. 48 u. li., S. 48 u. re., S. 61 o, S. 61 u.

Reithmeier: S. 37 u., S. 39 u., S. 40 o., S. 40 u. li., S. 40 u. re.,
 S. 41 o., S. 41 u.

Wir danken der Firma Neudorff in Emmerthal für das Foto auf Seite 36.

Die Deutsche Bibliothek - CIP-Einheitsaufnahme

Kanbay, Feryal:
Schnecken und Blattläuse sicher bekämpfen : neue und altbewährte
Methoden / Vorbeugen und Abwehren / Umweltschonend / Feryal
Kanbay. - Augsburg : Augustus Verl., 1999
 ISBN 3-8043-7130-2

Augustus Verlag, Augsburg 1999
© Weltbild Ratgeber Verlage GmbH & Co. KG
Alle Rechte vorbehalten
Umschlaggestaltung: Vera Faßbender, Augustus Verlag
Umschlagfotos: Photo Press (Vorderseite);
W. Redeleit (Rückseite)
Lektorat: Sibylle Kolb, Augustus Verlag
Illustrationen: Anna Aisenstadt, Augsburg
Satz und Layout: Gesetzt aus der Officina Serif 9,5/12 Punkt,
von Uhl + Massopust, Aalen
Reproduktion: Uhl + Massopust, Aalen
Druck und Bindung: Offizin Andersen Nexö, Leipzig
Gedruckt auf umweltfreundlich chlorfrei gebleichtem Papier
Printed in Germany

ISBN 3-8043-7130-2

Einleitung

Jeder Gärtner und Pflanzen-
freund hat den Wunsch, die
Früchte seiner Mühen zu
ernten: herrliche Blumen-
pracht, üppiges Grün sowie
gesundes, knackiges Obst
und Gemüse. Wenn ihm nur
nicht die Schädlinge in die
Quere kommen würden!
Es gibt eine Reihe von
Kleintieren, die dem Garten-
liebhaber das Leben schwer
machen können. Schnecken
und Blattläuse gehören zu
den häufigsten Plagen, die

ein Gärtner zu beklagen
hat. Die schleimigen Weichtiere können nur im Garten
Schäden verursachen. Die
etwa 800 heimischen Blattlausarten hingegen verscho-
nen weder Blumen, Obst
und Gemüse noch Zimmer-
pflanzen sowie Gewächse im
Wintergarten und auf dem
Balkon. Da ist es allzu verständlich, daß manchem
Naturfreund der Kragen
platzt und er zu härteren
Mitteln greifen möchte.
Zerfressene Salatblätter, an-
geknabberte Erdbeeren und

zarte Rosentriebe voller
Blattläuse sind ja auch kein
schöner Anblick. Aber über
dem ganzen Ärger und der
Enttäuschung vergessen wir,
daß es Schädlinge im öko-
logischen System der
Natur gar nicht gibt. Die
Einteilung der Lebewesen
in „Nützlinge" und „Schädlinge" ist eine Erfindung
des Menschen. Alle Tiere,
die seine Arbeit zunichte
machen, indem sie an
seiner Ernte teilhaben wollen, bezeichnet der Mensch
als „Schädlinge" und

Vielen Gartenfreunden machen Schädlinge das Leben schwer.

Tagetes als Schutzbarriere gepflanzt, helfen Schnecken abzuwehren.

bekämpft sie mit allen Mitteln. Dabei haben alle Lebewesen, von den winzigen Mikroorganismen bis zum Menschen, in unserem Ökosystem eine bestimmte Aufgabe und sind eng miteinander verknüpft. Schnecken zum Beispiel schaden unseren Kulturpflanzen, aber sie fressen auch organische Abfälle und verwesende Kleintiere, fördern so die Zersetzung des organischen Bodenmaterials, was auch den Gewächsen im Garten wieder zugute kommt. Blattläuse schädigen Zierpflanzen, Obstbäume und Gemüse, aber sie dienen Insekten wie Marienkäfern, Schlupfwespen und Florfliegen als Nahrung. Diese

„Nützlinge" wiederum sorgen für den Ausgleich im ökologischen System. Ein unüberlegter Kampf gegen „Schädlinge" kann zur Zerstörung des biologischen Gleichgewichts in der Natur führen. So werden beispielsweise bestimmte Insektenarten erst dann zu gefürchteten Schädlingen, wenn durch harte Maßnahmen auch ihre natürlichen Feinde getötet werden. Daher sollte jeder Gärtner wissen, daß Schädlinge niemals vollständig ausgerottet, sondern nur in Grenzen gehalten oder reduziert werden dürfen. Also wird ein guter Biogärtner die Schädlinge nicht bekämpfen, sondern nur abwehren.

Es ist möglich, auf den Einsatz giftiger Präparate zu verzichten und dennoch einen gesunden Garten sowie üppiges Grün im Haus oder auf dem Balkon zu haben. Es gibt genug natürliche Mittel, die Krankheiten und Schädlingsbefall verhindern, ohne die eigene Gesundheit und die Umwelt zu gefährden. Wichtig sind auch vorbeugende Maßnahmen sowie das Stärken der Abwehrkräfte, aber auch das Fördern von Nützlingen. Denn was nützt es, wenn Sie durch Pflanzenschutzmittel zwar die Blattläuse töten, aber auch das Leben von Marienkäfer und Florfliege beenden. Und gärtnern ohne Gift kann jeder!

Schnecken

Biologie der Schnecken

Die von Gartenbesitzern so gefürchteten Schnecken gehören zu den Weichtieren (Mollusken), nach den Gliederfüßern (z. B. Insekten, Spinnentiere, Tausendfüßer) der zweitgrößte Stamm im Tierreich. Sie bilden die höchstentwickelte und mit über 100 000 Arten die größte Klasse dieses Stamms. Davon leben über 2000 Landschneckenarten in Europa. Alle Schnecken (Gastropoda) waren ursprünglich Meeresbewohner und haben durch Anpassung und Spezialisierung die verschiedenartigsten Lebensräume der Erde erobert. Durch die Umwandlung der Kiemen zu Lungen

haben sich die Lungenschnecken herausgebildet, die das Festland besiedeln konnten. Unter den Landlungenschnecken, zu denen die wichtigsten Schadschnecken Mitteleuropas zählen, findet man neben den Gehäuse- auch die Nacktschnecken. Bei diesen Arten ist das Gehäuse nur noch unter der Haut als verkümmertes Schutzschild vorhanden.
Die Landschnecken haben an den Fühlerspitzen winzige Augen, mit denen sie nur Kontraste in Hell und Dunkel sehen. Außerdem können sie mit den Augenfühlern die Fernorientierung regeln, denn die Sinneszellen für den Geruch befinden sich hier. Die Mundfühler mit den Geschmackszellen sind für die Nahrungsfindung zuständig. Im Mund befindet sich eine mit ras-

pelartigen Zähnchen besetzte Reibezunge, mit deren Hilfe die Nahrung zerkleinert wird. Rechts vom Mantelschild sitzt das Atemloch.
Eine Schnecke besteht zu etwa 85 Prozent aus Wasser und besitzt eine durchlässige Haut, die sie vor Verdunstung nicht schützen kann. Daher müssen diese Weichtiere ständig Feuchtigkeit aufnehmen, um nicht auszutrocknen. Gehäuseschnecken können sich in ihre Behausung zurückziehen und so Trockenperioden gut überstehen. Die Nacktschnecken dagegen haben diese Möglichkeit nicht und sind ständig der Gefahr zu vertrocknen ausgesetzt. Auch das Schleimsekret, das von einer Drüse unterhalb des Kopfes gebildet wird, hat wenig Schutzfunktion. Es dient hauptsächlich zur Fortbewegung. Deshalb sind Nacktschnecken auf einen feuchten Unterschlupf angewiesen. Diesen verlassen sie nachts, wenn die Lufttemperatur niedrig ist und sich auf dem Boden Tau bildet. Tagsüber halten sie sich vor allem unter Hecken, unter lockerem Laub, in Moos und an anderen Schattenstellen mit Bewuchs, aber auch in der Nähe vom Kompost auf.

Kenntnisse über den Körperbau von Nacktschnecken können bei der Bestimmung der Plagegeister behilflich sein.

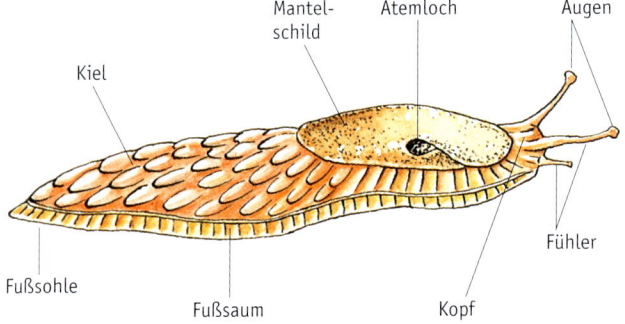

Kiel

Mantel-
schild   Atemloch   Augen

Fußsohle

Fußsaum   Kopf   Fühler

Die rote Große Wegschnecke zählt zu den größten Nacktschnecken und richtet im Garten großen Schaden an.

Welche Schnecken finde ich im Garten?

Die wichtigsten Schadschnecken

Nicht alle Schnecken, die wir in unseren Gärten beobachten können, zählen zu den Schädlingen. Viele von ihnen sind harmlose Lebewesen, manche sogar nützliche Bodenbewohner, die zur schnellen Zersetzung von organischem Material beitragen, was letztlich den Kulturpflanzen zugute kommt.

In diesem Kapitel finden Sie die Beschreibungen der häufigsten und bedeutendsten Schneckenarten, die in den Gärten Schaden anrichten.

Die **Große Wegschnecke** zählt zu den größten Nacktschnecken und den wichtigsten Schädlingen im Garten. Sie kann gelegentlich bis 18 cm lang werden. Die Große Wegschnecke *(Arion ater)* ist dunkelrot, eher bräunlich, aber auch braunschwarz gefärbt und kommt vor allem in nördlicheren Regionen vor. Im Süden Mitteleuropas ist eine andere rötlichere Art *(A. rufus)* der Großen Wegschnecken verbreitet. Bei genauer Beobachtung der Tiere können Sie das Atemloch rechts vor der Mitte des Mantelschilds entdecken. Die Haut ist grob runzelig, der deutlich ausgebildete Fußsaum oft anders gefärbt. Der Mantelschild ist feinkörnig und glatt. Größe und Gewicht können je nach Umweltbedingungen sehr unterschiedlich sein. Die jungen Schnecken sind schwächer gefärbt, meist gräulich-braun, gelblich oder rötlich und haben dunklere Seitenbinden. Die runden bis ovalen Eier haben eine kalkweiße Farbe.

Diese Große Wegschnecke wird umgangssprachlich auch als die Rote Weg-

Die Gartenwegschnecke ist wesentlich kleiner als die Große Wegschnecke und durch ihre dunkle Färbung gut von dieser zu unterscheiden.

schnecke bezeichnet. Hecken, Wiesen, Moore und Wälder bilden ihren Lebensraum. In letzter Zeit kommt sie sehr häufig in Gärten und Feldkulturen vor.
Die **Gartenwegschnecke** ist in ganz Europa anzutreffen. Die ausgewachsenen Tiere sind in ausgestrecktem Zustand etwa 3 cm, selten 4 cm lang, dunkelbraun bis fast schwarz gefärbt und lassen sich durch die gelb- bis orangefarbene Sohle eindeutig bestimmen. Sie hinterlassen eine gelbe oder farblose Schleimspur. Der Körperbau entspricht dem

der Großen Wegschnecke. Die frisch geschlüpften Jungtiere messen nur wenige Millimeter und sind durchscheinend gefärbt. Erst nach einigen Tagen wird ihre schiefergraue Färbung intensiver. Die langen, ovalen Eier sind weich und durchscheinend. Wie ihr Name schon andeutet, kommt diese Art vor allem in Gärten vor. Die Gartenwegschnecke *(Arion hortensis)* ist nicht so wanderfreudig wie die Große Wegschnecke. Sie richtet auch wesentlich weniger Schaden an.

Die ausgewachsenen Tiere der **Genetzten Ackerschnecke** *(Deroceras reticulatum)* werden 3,5 bis 5 cm, selten 6 cm lang. Ihre Farbe ist recht unauffällig von gelblichweiß, gräulich bis braun, oft mit dunklerer, netzartiger Zeichnung auf dem Rücken. Bei genauer Beobachtung kann man vom Mantelschild bis zum Ende des Hinterleibes einen Kiel erkennen. Die Haut ist leicht gerunzelt. Der feinere Mantel weist keine Runzeln auf, aber eine Struktur, die einem Fingerabdruck ähnelt.

Die Genetzte Ackerschnecke verdankt ihren Namen der netzartigen Zeichnung auf dem Rücken.

Die Jungschnecken sind heller gefärbt als die Eltern. Sie haben keine Netzzeichnung. Kurze Zeit nach dem Schlüpfen sind sie durchscheinend und nur einige Millimeter groß. Die rundlichen bis ovalen Eier sind weich und durchsichtig.
Die Ackerschnecke lebt bevorzugt auf Kulturgelände wie Gärten und Wiesen. Die Tiere können mehr als ein Jahr alt werden.
Die **Spanische Wegschnecke** stammt ursprünglich aus Portugal. Da sie stark der Großen Wegschnecke ähnelt wird sie häufig wie diese auch als Rote Wegschnecke bezeichnet. Die ausgewachsenen Tiere sind graugrün oder dunkelrot bis braun gefärbt. Sie tragen oft Seitenbinden. Diese Art läßt sich von der Großen Wegschnecke in der Regel nur anhand der

Jungtiere unterscheiden. Diese sind etwa 1 cm lang und grau-braun-orange gestreift.
Die Spanische Wegschnecke *(Arion lusitanicus)* wurde etwa vor 30 Jahren auf dem Transportweg mit Früchten und verschiedenen Pflanzen bei uns eingeschleppt. Inzwischen hat sie sich in Mitteleuropa sehr stark verbreitet, da ihr das feuchtkühle Klima besonders entgegenkommt. Sie hat sich gut angepaßt und die heimischen Arten weitgehend verdrängt. Zumindest im süddeutschen Raum scheint diese südeuropäische Art für die meisten Schäden in Gärten verantwortlich zu sein. Sie bevorzugt einen

Die Spanische Wegschnecke, die nur schwer von der Großen Wegschnecke zu unterscheiden ist, hat sich inzwischen bei uns stark verbreitet.

Die Große Egelschnecke ist im Garten zwar häufig anzutreffen, aber sie verursacht keine großen Schäden.

ähnlichen Lebensraum wie die Große Wegschnecke.

Als Schädlinge unbedeutende Arten

Neben den oben erwähnten Nacktschnecken, die vor allem Kulturpflanzen große Schäden zufügen, gibt es eine Reihe von Schneckenarten, die man sehr häufig im Garten antrifft. Sie sind in der Regel harmlos oder verursachen nur geringe Schäden. Einige von ihnen sind ausgesprochene Vorratsschädlinge wie beispielsweise die **Gelbe Egelschnecke** oder **Kellerschnecke** *(Limax flavus)*, die eingelagerte Früchte und Kartoffeln zerstören kann. Die Bodenkielnacktschnecke *(Milax budape-*

stensis), die aus Osteuropa stammt, kann abhängig von Region und Kultur gelegentlich größere Schäden verursachen (z. B. an Sonnenblumensaaten). An Wurzeln, Knollen und Früchten kann die Wurmnacktschnecke *(Boettgerilla pallena)* gelegentlich Schaden anrichten. Das unterirdisch lebende Tier kommt in Kulturgelände

vor und hinterläßt an den befallenen Pflanzenteilen kreisrunde Fraßlöcher. In den letzten Jahren hat sich diese aus dem Kaukasus stammende Schneckenart auch bei uns schneller ausgebreitet.
Die **Große Egelschnecke** *(Limax maximus)* gilt als häufige heimische Art, die auch Großer Schlegel genannt wird, sie erreicht eine Körperlänge von 12 bis 15 cm. Sie ist von hellgrau bis braun gefärbt und hat ein Tigermuster aus dunkleren Flecken. Der deutlich ausgebildete Kiel reicht bis zur Rückenmitte. Ihr Schleim ist farblos. Sie lebt oberirdisch und sucht bevorzugt nachts Nahrung, vor allem abgestorbene Pflanzenteile und Früchte sowie Speicherorgane (Knollen). Größere Schäden verursacht sie kaum.
Gartenschnirkelschnecken *(Cepaea hortensis)* sind

Die Gartenschnirkelschnecken klettern gerne auf Sträucher und kleine Bäume, wo sie vor allem Blätter fressen.

Die bekannte Weinbergschnecke richtet kaum Schäden an, sondern leistet als Zersetzer von totem organischen Material gute Bodendienste.

kleine Gehäuseschnecken mit leuchtend gelben, glänzenden und gebänderten Häuschen. Ihr Lebensraum erstreckt sich von Wäldern, Wiesen über Hecken, Gebüsche bis zu Felsen und Mauern hin. Die oberirdisch lebenden Tiere klettern oft auf Sträucher und Bäume, wo sie sich tagsüber in ihrem Gehäuse aufhalten. Sie fressen Blätter und Blüten. Geringfügige Schäden können an Obstbäumen und roten Johannisbeeren ent-

stehen. Die Tiere können mehrere Jahre alt werden. Die **Weinbergschnecke** ist die größte und bekannteste europäische Art der Landgehäuseschnecken. Das dickwandige Gehäuse ist kugelförmig. Sie bevorzugt wärmere, kalkhaltige, meist steinige Lebensräume. Die Weinbergschnecke ernährt sich von grünen Pflanzenteilen und von totem organischem Material. Sie kann in einzelnen Gebieten als Schädling in Garten- und

Feldkulturen auftreten. In Weinbergen kommt sie selten vor, frißt hier Blätter und Triebe. Die Weinbergschnecke *(Helix pomatia)* gilt aber grundsätzlich als nützlich, da sie sehr viel organisches Material umsetzt und dadurch zur Humusbildung beiträgt. Durch ihre Bedeutung als Delikatesse wurde sie vielerorts durch Sammler nahezu ausgerottet. Die heimische Weinbergschnecke steht regional unter Naturschutz.

Lebensweise der Schadschnecken

Der Lebensraum

Die Schnecken, die in unseren Gärten große Schäden anrichten können, sind in der Regel verschiedene Nacktschneckenarten. Während Gehäuseschnecken sich bei Trockenheit in ihr Häuschen zurückziehen können, sind die Nacktschnecken stets gefährdet zu vertrocknen. Daher sind sie darauf angewiesen, über ihre Haut, durch Trinken und mit der Nahrung Wasser aufzunehmen. So können die Nacktschnecken nur in Lebensräumen mit hoher Feuchtigkeit existieren. Feuchte Stellen wie Moos, schattige, bewachsene Bereiche, locker aufliegendes Laub und Komposthaufen dienen ihnen als Unterschlupf, den sie nur nachts oder bei Regenwetter verlassen.

Die verschiedenen Schadschnecken bevorzugen unterschiedliche Lebensräume.

Fortbewegung

Die Schleimspuren in Gemüse- und Blumenbeeten und auf von Schnecken angefressenen Pflanzenteilen sind für jeden Gartenbesitzer ein vertrauter und zugleich alarmierender Anblick. Dieser Schleim ist das wichtigste Fortbewegungsmittel dieser Weichtiere. Es handelt sich um eine viskose Flüssigkeit, die zu 98 Prozent aus Wasser besteht. Die Schnecke sondert während des Vorwärtskriechens aus einer großen Drüse am vorderen Ende der Sohle diesen Schleim ab, der vom Körper abgeflacht wird. Dadurch entsteht die typische Kriechspur, auf der das Tier vorwärts gleiten kann. Dabei erzeugen die Längs- und Quermuskeln der Bauchhöhle wellenförmige Bewegungen. Diese durchlaufen den ganzen Schneckenkörper und führen zur Fortbewegung. Die Art der Unterlage, auf der die Schnecke vorwärtskommen will, ist auch von Bedeutung. Eine trockene Fläche macht das Kriechen unmöglich, da sie das Wasser des Schleims aufsaugt. Dadurch wird der Schleim stark zähflüssig, was die Fortbewegung erschwert und die Schnecke zur Umkehr zwingt.

Fortpflanzung und Lebenszyklus

Schnecken sind Zwitter – sie besitzen männliche und weibliche Organe, sind also Männchen und Weibchen

Wenn Sie die ersten Schleimspuren im Garten entdecken, könnte die Invasion der Schnecken bereits begonnen haben (hier zur Verdeutlichung versandet).

Eine Weinbergschnecke bei der Eiablage.

zugleich, aber nicht gleichzeitig: Die Tiere sind zuerst männlich und bilden Samen aus. Dann kommt es zur Paarung, bei der die männlichen Spermiensäcke ausgetauscht und in einem speziellen Organ gelagert werden. Anschließend beginnt die weibliche Phase und die Produktion der Eizellen, die später von den gespeicherten Samen befruchtet werden.
Die Geschlechtsöffnung befindet sich rechts am Hals unweit der Fühler. Nachdem sich passende Partner gefunden haben, beginnt ein langes Vorspiel, dem die Paarung folgt. Je nach Schneckenart kann das Liebesspiel dieser Weichtiere mehrere Stunden dauern.

Nach zwei bis zehn Wochen reifen die Eier in dem weiblichen Tier heran. Die Eiablage erfolgt in eine Art Nesthöhle in der Erde. Gerade die wichtigen Schadschnecken können bis zu mehrere hundert Eier legen. Die Entwicklung der Eier ist weitgehend temperaturabhängig. Im Winter gelegte Eier benötigen einige Monate für ihre Entwicklung, so daß die Jungschnecken erst im Frühling ausschlüpfen. Im Sommer entwickeln sich die Eilarven wesentlich schneller und schlüpfen bereits nach zwei bis vier Wochen aus.
Die **Große Wegschnecke** und die **Spanische Wegschnecke** erzeugen eine

Generation pro Jahr. Die Mehrzahl der Eier überwintert. Im darauffolgenden März und April schlüpfen die jungen Wegschnecken aus. Nach etwa fünf Monaten sind die Tiere geschlechtsreif. Zwischen August und September erfolgt die Paarung.
Die **Gartenwegschnecken** bringen ebenfalls eine Generation pro Jahr hervor. Die Eiablage erfolgt im November und Dezember bevorzugt an Pflanzenwurzeln, die den Eiern guten Schutz bieten. Anfang April oder Mai schlüpfen die Jungschnecken aus und finden an den Wurzeln gleich genügend Nahrung. Sie sind nach sechs Monaten

Rote Wegschnecken bei der Paarung während des Austausches der männlichen Keimzellen.

Eine Beeteinfassung aus Tagetespflanzen kann die wertvolleren Kulturpflanzen im Garten vor Schneckenfraß schützen, denn die Schädlinge speisen die Studentenblume mit Vorliebe.

Tierkörper kennen, wissen Sie auch den ungefähren Zeitpunkt der Eiablage. So können Sie rechtzeitig für vorbeugende Maßnahmen sorgen.

Verhalten und Ernährung

Für die Entwicklung der Nacktschnecken ist neben den Witterungsverhältnissen auch die Nahrung von Bedeutung. Denn je günstiger die äußeren Umweltbedingungen und je reichhaltiger das Nahrungsangebot, desto schneller reifen die Schnecken heran und desto zahlreicher ist die Nachkommenschaft! Welche Nahrung die Nacktschnecken bevorzugen, hängt vor allem davon ab, ob sie an der Bodenoberfläche oder eher unter der Bodenoberfläche aktiv sind. Die **Große Wegschnecke** sucht ihre Nahrung an der Bodenoberfläche. Als Allesfresser ernährt sie sich von grünen Pflanzen, Pilzen, Aas und abgestorbenen Pflanzenteilen. Ihr Leibgericht sind aber junge Pflanzen. Die **Gartenwegschnecken** hingegen halten sich hauptsächlich unter der Bodenoberfläche auf. Daher verursachen sie Schäden an Wurzeln, Knollen und Samen. Grüne Pflanzen-

geschlechtsreif. Ab Ende September kommt es zur Paarung.
Obwohl die **Ackerschnecken** in der Regel eine Generation pro Jahr erzeugen, kann es in einem Jahr gelegentlich zu einer zweiten Generation kommen: Die Entwicklung der Jungtiere ist bei günstigen Witterungsbedingungen häufig wesentlich kürzer, so daß sie bereits im Herbst des gleichen Jahres Nachkommen produzieren. Bei schlechten Wetterverhältnissen kann die Entwick-

lung aber auch gehemmt werden und die Generationsdauer sich verlängern. Normalerweise schlüpfen die Jungschnecken im April und Mai aus und benötigen etwa fünf Monate bis zur Geschlechtsreife. Ab Ende August kommt es an einem möglichst feuchten Ort zur Paarung – nicht selten an einem regennassen Salatkopf.
Die Generationsdauer der Schnecken kann sehr gut errechnet werden. Wenn Sie die Paarung beobachten und die Dauer der Eireifung im

teile werden von ihnen meistens verschmäht. Besonders im Winter schädigen die Gartenwegschnecken die Saaten von Wintergetreide und Kartoffeln.

Die **Ackerschnecken** sind sowohl unter dem Boden als auch an der Oberfläche aktiv. Also holen sie sich, was sie finden: Samen, Wurzeln, Früchte, Blätter, Blüten und natürlich Jungpflanzen. Auch Pilze und organischer Abfall werden nicht liegengelassen.

Die **Großen Egelschnecken** suchen an der Bodenoberfläche nach Nahrung. Sie bevorzugen abgestorbene Pflanzenteile, Wurzeln und Pilze, lieben aber auch Früchte wie Erdbeeren. Diese großen Nacktschnecken nehmen auch tierische Nahrung zu sich – und zwar andere Nacktschnecken. Sie verursachen im allgemeinen keine großen Schäden.

Die **Gelben Egelschnecken** halten sich in der Regel in Vorratsräumen auf und fressen gerne Wurzelgemüse, Pilze und vor allem eingelagerte Früchte und Kartof-

feln. Gelegentlich können diese Schnecken große Schäden anrichten.

Die **Gartenschnirkelschnecken** klettern auf Bäume und Sträucher und fressen mit Vorliebe frische Blätter und Früchte; sie richten aber keine nennenswerten Schäden an.

Die **Weinbergschnecken** halten sich auf der Erdoberfläche auf und machen sich an junge Triebe, Blätter und andere Pflanzenteile heran. Die Schäden, die dabei entstehen können, halten sich in Grenzen.

Auch Salate werden von den Schnecken gerne gefressen. Beete mit Salatpflanzen brauchen daher besonderen Schneckenschutz, wenn Sie nicht auf Ihre grüne Vorspeise verzichten wollen.

Wenn Schnecken zur Plage werden
Vorbeugende Maßnahmen zur Schneckenregulierung

Jeder Gartenbesitzer kennt das Schneckenproblem: Man hat die Beete vorbereitet, das Saatgut ausgebracht und freut sich schon auf die Blütenpracht, auf die süßen Früchte oder auf das frische Gemüse aus dem eigenen Garten. Aber oft über Nacht kriechen hunderte von Schnecken aus ihrem Unterschlupf heraus und fressen zarte Jungpflanzen kahl, höhlen Karotten und Radieschen aus oder machen sich an die Erdbeeren heran. Wichtig ist, es erst gar nicht soweit kommen zu lassen. Es gibt eine Vielzahl vorbeugender Maßnahmen, die den Schnecken das Leben im Garten schwer machen. Dadurch wird ihre Vermehrung eingeschränkt und die Zahl der Nachkommenschaft herabgesetzt – und zwar auf ganz natürliche Art. Für diese Maßnahmen müssen Sie schon etwas Geduld aufbringen und Spaß am Beobachten haben. Das Ergebnis wird nicht so schnell sichtbar sein wie beim Einsatz von Schneckenkorn – nämlich eine Menge toter Tiere! Aber nach und nach werden Sie merken, daß die

Bodenlockerung als schneckenabweisende Maßnahme führt nur dann zum Erfolg, wenn diese Arbeit zum richtigen Zeitpunkt, das heißt im Frühjahr, ausgeführt wird.

Fraßspuren zurückgehen, das Wurzelgemüse weniger Schadstellen aufweist und sogar die Tagetes ihre ersten Blüten öffnen. Richtige Bodenpflege und die Wahl standortgerechter, kräftiger Pflanzen verhindern auf Dauer eine Schneckenplage am wirkungsvollsten.

Gezielte Bodenpflege

Nacktschnecken müssen bei trockenem Wetter in den Boden eindringen können. An der Oberfläche würden sie viel Wasser verlieren und eingehen. Da sie aber selbst nicht graben, können sie nur in Ritzen und Spalten vordringen. Ein grobscholliger Boden bietet ihnen ideale Unterschlupfmöglichkeiten. In lockeren Gartenböden hingegen entstehen keine Risse und Spalten, in denen die Schnecken trockene Sommermonate überdauern könnten. Die Bodenpflege sollte eine gute Krümelstabilität – auch ein Kennzeichen fruchtbarer, humusreicher Gartenerde – zum Ziel haben.

Welche Bodenart liegt vor?

Die Bodenart, die Sie in Ihrem Garten vorfinden, können Sie leicht selbst überprüfen: Nehmen Sie eine Probe von normaler Feuchtigkeit in die Hand und drücken Sie sie fest. Wenn die Erde nach dem Öffnen der Hand nicht fest verklebt, sondern wieder zerfällt, ist der Bodenzustand optimal. Sandige Erde rieselt leicht durch die Finger, und Lehmboden läßt sich etwas zusammenpressen, während Sie tonreichen Boden zu einer schweren Kugel formen können.

Chemische Tests helfen Ihnen weiter, Genaueres über Ihre Gartenerde zu erfahren. Der Fachhandel bietet verschiedene Hilfsmittel, mit denen sich zum Beispiel der pH-Wert des Bodens, also ob ein saurer (geringer Kalkgehalt) oder alkalischer (hoher Kalkgehalt) Boden vorliegt, bestimmen läßt. Der optimale Wert liegt bei sechs bis sieben. Sie können Ihre Bodenproben an landwirtschaftliche Untersuchungs- und Forschungsanstalten schicken, wo auch Phosphor-, Kalium- und Magnesiumgehalt bestimmt

werden. Die Bodenuntersuchungen sollten alle zwei Jahre durchgeführt werden. Die beste Zeit dafür ist der Herbst oder Frühling.

Bodenverbesserung

Einem sauren Boden wird Kalk zugegeben. Dadurch wird nicht nur der Säuregehalt reguliert, sondern auch das Wachstum der Pflanzen und das Bodenleben angeregt. Algenkalk, Kalkmergel und kalkhaltige Steinmehle eignen sich am besten dafür. Bei Branntkalk ist Vorsicht geboten. Er ist aggressiv und wirkt ätzend, sollte daher nur für ganz schwere Böden verwendet werden. Sandige Böden findet man in Deutschland sehr häufig. Hier helfen Tonmineralien, die die Fähigkeit, Wasser zu speichern, erhöhen. Schwere Tonböden dagegen müssen aufgelockert werden. Sie können Sand einarbeiten und auch Lavagranulat auf der Oberfläche ausbringen. Kompost, Gründüngung, Mulchen und Pflanzenjauchen dienen der allgemeinen Bodenverbesserung, denn sie erhöhen den Humusanteil sowie den Nährstoffgehalt der Gartenerde und schaffen die Voraussetzungen für eine

feinkrümelige Bodenstruktur – also kein Unterschlupf für Schnecken!
Aber diese Mittel müssen richtig eingesetzt werden, sonst können sie das Gegenteil bewirken und den Schnecken das Leben erleichtern.

Kompost ohne Schnecken

In einer Kompostmiete finden diese Tiere gewöhnlich Nahrung, Winterquartier

Der pH-Wert des Bodens sollte im Frühjahr und Herbst gemessen werden. Mit einer Meßsonde läßt sich der Säuregehalt problemlos feststellen.

und ein gleichbleibend feuchtwarmes Klima. Im Innern des Kompostes tragen sie zur Beschleunigung der Zersetzungsprozesse bei und können den Pflanzen nicht schädlich sein. Aber wehe sie wandern in den Garten aus. Hier können Sie Abhilfe schaffen, indem Sie den Kompostplatz in einiger Entfernung von den Nutz- und Zierpflanzen wählen. Auch die Nähe geeigneter Schlafplätze (z. B. Büsche, Steinhaufen) für Schnecken sollten Sie beachten. So werden die Schnecken nicht in den Gartenteil auswandern. Ein weiterer guter Trick ist, wenn Sie den fertigen Kompost schon im Spätsommer abräumen und gleichzeitige den neuen ansetzen. Sie können sicher sein, daß sich noch keine Schneckeneier im fertigen Kompost befinden. Die Tiere werden von frischen Abfällen angelockt, die ihnen frisches Futter anbieten. Die Herstellung von völlig schneckenfreiem Kompost erfordert viel Aufmerksamkeit. Werden Eigelege oder Schnecken entdeckt, muß

Kompost sieben

Ist der Kompost fertig, müssen die größeren Bestandteile normalerweise abgesiebt werden. Das ist die Gelegenheit, das zersetzte Material weitgehend von den Schnecken und deren weißlich-durchsichtigen Eiern zu befreien. Die Tiere sind gut zu erkennen, bei den Eihäufchen sollten Sie jedoch etwas aufmerksamer sein.

Der fertige, schneckenfreie Kompost wird beiseite gestellt und kann im Frühjahr zur Vorbereitung der Saatbeete verwendet werden.

der Kompost auseinander gezogen und die erwachsenen Tiere entfernt werden. Nach dem Austrocknen des Kompostmaterials kann der Haufen erneut aufgesetzt werden.

Richtiges Mulchen

Beim Mulchen wird der Erdboden mit trockenem organischen Material abgedeckt. Dadurch wird der Boden vor dem Austrocknen geschützt und das Verschlämmen der Oberfläche durch starke Niederschläge vermieden. Außerdem fördert die natürliche Abdeckung die Bodengare und die Tätigkeit der Bodenorganismen. Aber die Mulchschicht bietet auch den Nacktschnecken Nahrung und Schutz vor Austrocknung. Diese legen ihre Eier gerne unter verrottende Pflanzenteile und entwickeln sich in dem ausgeglichenen Klima unter der Schicht besonders schnell. Wenn Sie jedoch einige Regeln beachten, können Sie durch Mulchen den Schnecken das Leben schwer machen. Wichtig ist das geeignete Mulchmaterial. Während frische Gartenabfälle wie Rasenschnitt weniger geeignet sind (sie locken die Tiere an), machen getrocknete

Mulchen ist eine gute Abwehrmethode gegen Schnecken. Pflanzenmaterial sollte aber gut durchtrocknen, bevor es als Mulchschicht verwendet wird.

und gehäckselte Abfälle die Mulchschicht für die Schnecken uninteressant. Wenn Sie die Mulchschicht nicht zu dick ausstreuen, verliert sie ihre Schutzfunktion. Denn unter einer lockeren Decke können sie sich nicht so gut verkriechen und werden von ihren natürlichen Feinden (wie Igeln) schneller aufgespürt.

Gründüngung

Diese altbekannte und -bewährte Methode zur Verbesserung der Bodenstruktur kann sich als schneckenfreundlich erweisen, wenn man einige Punkte außer

acht läßt. Normalerweise bieten eingesäte Beete den Schnecken gute Unterschlupfmöglichkeiten. Auch werden sie durch frische Pflanzen angezogen. Deshalb sollten Sie Gründüngungen nur im Spätsommer säen, zum Beispiel als Zweitkultur nach früh geerntetem Gemüse. Wählen Sie nicht winterharte Pflanzen. Bis zum Frühjahr sind sie weitgehend zersetzt, und abgestorbenes Pflanzenmaterial ist für die Nacktschnecken relativ uninteressant. Ölrettich, Sommerwicke, Hafer und Lupinen eignen sich für die Aussaat besonders gut.

Saatbeetvorbereitung und Schutz der Setzlinge

Hacken und Umgraben dienen zur Bodenlockerung und wirken gleichzeitig abweisend auf Schnecken. Aber der richtige Zeitpunkt ist wichtig. Sobald es im Frühjahr wärmer wird, kriechen die Tiere aus ihrem Unterschlupf, um nach frischer Nahrung zu suchen. In der Nacht suchen sie wieder Schutz im Boden. Die bereits gelockerte Gartenerde bietet hier viele Möglichkeiten. Deshalb sollten Sie so früh wie möglich mit dem Umgraben des Bodens beginnen. Dadurch werden die Schnecken aus ihren Winterquartieren vertrieben. Damit sie keine

neuen Schlupfwinkel finden, sollte die oberste Bodenschicht nach dem Hacken mit dem Rechen wieder glatt gezogen werden. Außerdem können Sie sofort Köder auslegen, sobald die Schnecken unfreiwillig an die Oberfläche befördert worden sind. Nachts und frühmorgens werden die Schädlinge abgesammelt.

Gerade die Neusaaten zählen zu den Lieblingsgerichten der Schnecken. Erstens enthalten die Keimblätter viel Wasser und sind nährstoffreich. Zweitens sind die Schnecken ausgehungert, wenn sie aus ihrem Winterschlaf erwachen, und die Pflanzperiode fällt genau in diese Zeit.

Die Samen sollten nach der Saat mit einem feinen Gemisch aus Erde und Kompost abgedeckt werden, das anschließend leicht angedrückt wird. So können die Schnecken nicht zu den Keimlingen gelangen.

Wenn Sie hierbei einige Punkte beachten, kann der Schneckenfraß verhindert werden.

Wichtig ist der richtige Saatzeitpunkt. Warten Sie mit der Saat, bis der Boden genügend erwärmt ist. Denn je schneller die Keimlinge sich entwickeln, desto kräftiger sind sie und desto geringer werden die Fraßschäden durch die Schnecken sein. Eine weitere Schutzmaßnahme ist das Schließen der Saatrillen und das Glattziehen der Erdoberfläche. So entstehen keine Risse und Spalten, die den Tieren

Unterschlupf bieten. Legen Sie großkörnige Samen wie Bohnen und Erbsen über Nacht in Wasser ein. Dadurch beschleunigen Sie die Keimungsdauer. Für weiteren Schutz der Neusaaten können Sie Mulchmaterial neben die Saatrillen geben. Das erschwert den Schnecken das Kriechen an der Erdoberfläche. Um die Plagegeister von den Sämlingen fernzuhalten, sollte man um die Ränder frischer Beete oder zwischen die Kulturreihen Köderpflanzen säen. Besonders Gelbsenf und Gartenkresse locken die Schnecken an, und die Kulturpflanzen bleiben verschont. Wenn Sie Setzlinge pflanzen, wählen Sie nur große und kräftige Pflanzen aus. Gehackte Küchenabfälle lenken die Tiere ebenfalls ab. Etwas mehr Arbeit bedeuten Schutzringe aus schneckenabweisenden Materialien wie Gesteinsmehl, Holzasche oder Sägemehl. Aber diese Ringe werden von den Tieren gemieden, da das Material die Kriechsohle verletzt oder ihnen den Schleim entzieht. Beachten Sie, daß Schutzringe nach längeren Regenfällen erneuert werden sollten.

Richtig bewässern

Trockenheit fürchten die Nacktschnecken am meisten. Achten Sie bitte darauf, daß Sie beim Gießen den Tieren nicht zusätzliche Vorteile verschaffen. Bewässern Sie Ihre Pflanzen nicht in den Abendstunden. Dadurch locken Sie die nachtaktiven Tiere nur an. Gießen Sie lieber in den frühen Morgenstunden, denn bis zum Abend ist das Wasser an der Erdoberfläche weitgehend verdunstet. Beachten Sie auch, daß der Boden zwischen den Reihen trocken bleibt und nur die Pflanzen Wasser erhalten. Bei ganzflächiger Berieselung sollten Sie so selten wie möglich bewässern und die Anlage schon am frühen Morgen einschalten.

Ganzflächiges Berieseln lockt die Schnecken aus ihrem Unterschlupf hervor. Es ist besser, wenn Sie das Bewässern mit der Gießkanne vornehmen.

Abwehr ohne Gift

Auch in einem naturnahen Garten muß man gelegentlich zu Abwehrmitteln greifen. In manchen Jahren sind die vorbeugenden Maßnahmen einfach nicht ausreichend, und es kommt zu der gefürchteten Schneckenplage. Die Ursachen für eine Massenvermehrung der Tiere sollten Sie nicht nur im eigenen Garten suchen. Die Lage des Grundstücks und der unmittelbaren Umgebung spielen auch eine Rolle. Wenn das Kleinklima in Ihrem Garten schneckenfreundlicher ist als beim Nachbarn oder das Nahrungsangebot größer als in der Nachbarschaft, wandern die Schnecken ein. Der Einsatz von unterschiedlichen Barrieren und Schranken kann nicht nur die Tiere daran hindern, besonders gefährdete Pflanzen zu fressen, er kann ihnen auch ganz den Eintritt verwehren. Haben die Plagegeister den Garten doch erobert, muß man zu anderen Mitteln greifen. Sie können Köder und Fallen auslegen und dann die Schnecken fangen. Weitere biologische Abwehrmittel sind Pflanzen- oder Schneckenjauchen,

die diese Tiere fernhalten. Die Haltung von Enten und Hühner ist ebenfalls eine gute Art, die Schnecken loszuwerden. Aber hierfür müßte man schon einen großen Garten haben. Einige wildlebende Tiere wie Igel, Laufkäfer und viele unserer Vögel sind natürliche Feinde der Schnecken. Wenn Sie versuchen, einige der nützlichen Tiere in Ihrem Garten heimisch zu machen, werden diese zur Reduzierung der Schädlinge beitragen. Eine weitere Lösung des Problems bietet der Einsatz von Nützlingen wie bestimmter Fadenwürmer.

Wie kann ich mich sonst noch schützen?
Barrieren aus Pflanzen

Barrieren müssen vor allem den Weg zwischen den Ruheplätzen und dem Garten unpassierbar machen. Eine Möglichkeit sind zum Beispiel Schutzstreifen aus reinen Pflanzenbeständen. Sie wirken natürlich und sind die wirksamsten Hindernisse. Ein kurzgeschnittener Rasenstreifen von etwa 4 m Breite bietet ausreichend Schutz, denn Schnecken überqueren ihn nur ungern.

Aber achten Sie darauf, daß der Rasenschnitt nicht liegenbleibt. Den mögen die Schnecken! Eine weitere Barriere stellt ein 2 – 3 m Bestand aus Weißklee dar, den die Schnecken ungern fressen. Ein Teppich aus Petersilie eignet sich ebenfalls. Wenn der Schutzstreifen nur 2 m breit ist, sollten Sie zu anderen Pflanzen greifen wie beispielsweise Gartenkresse und Gelbsenf. Diese Anlage sollte etwa alle zwei Jahre erneuert werden. Auch andere Pflanzen wie Thymian, Salbei, Lavendel und Knoblauch können als Barrieren verwendet

Neben einer Reihe von anderen Pflanzen läßt sich auch Lavendel als natürlicher Grenzstreifen anpflanzen und wird wegen seines Geruchs von den Schnecken gemieden.

werden. Die Schnecken mögen ihren Geruch nicht. Sie können auch einen etwa 2 m breiten Schutzstreifen statt mit abwehrenden mit ködernden Pflanzen bestücken wie zum Beispiel Tagetes, Kopfsalat oder Chinakohl. Diese Barriere hält die Schnecken einen Sommer lang ab.

Künstliche Schutzstreifen

Eine nicht zu schmale Einfassung mit Tagetespflanzen reicht aus, damit Sie den ganzen Sommer lang grünen Salat genießen können.

Man kann auch künstliche Wanderschranken anlegen. Geeignet sind trockene Materialien wie gehäckselte Baumrinde, getrocknete Fichtennadeln und Sand. Einen 1,5 m breiten Streifen werden die Schnecken meiden, da die spitzen Kanten dieser Materialien die Kriechsohle der Tiere verletzen würde. Das Material sollte möglichst dick ausgestreut werden. Steinmehl, Holzasche und Algenkalk bilden ebenfalls schneckenabwehrende Barrieren. Auch sie entziehen den Tieren die Feuchtigkeit. Nach starken Regengüssen müssen diese Substanzen jedoch erneuert werden, da sie unwirksam werden. Diese Materialien wirken nicht nur schneckenabwehrend, sondern sie sind auch gute Dünge- und Verbesserungsmittel für den Boden. Ein

preiswertes Abwehrmittel ist auch Sägemehl. Ein 0,5 bis 1 m breiter Streifen, 5 bis 10 cm dick mit diesem Material bestreut gewährt den ganzen Sommer Schutz vor unerwünschter Schneckeninvasion.

Zäune verwehren den Zugang

Eine zuverlässige Wanderschranke gegen die Schnecken bilden Schneckenzäune. Der Fachhandel bietet Zäune aus Metall und Kunststoff an, die gute Dienste leisten. Der Schneckenzaun aus verzinktem Blech ist zwar etwas teuer in der Anschaffung, hat aber eine größere Haltbarkeit als die Kunststoffzäune. Diese leichteren

und preiswerteren Barrieren können schneller brechen, da sie vor allem kälteempfindlich sind. Das Prinzip ist bei beiden Zauntypen gleich: Die Oberkante ist nach außen abgewinkelt oder zurückgebogen. Diesen Überhang können die Schnecken nicht überwinden. Die einzelnen Elemente werden überlappend aneinandergesetzt und etwa 10 cm tief im Boden versenkt. Denn Zäune, die nicht absolut dicht abschließen, können von den Plagegeistern leicht unterwandert werden. Die Ecken werden mit extra Einsätzen bestückt, damit sich dort keine Lücken bilden. Die Schneckenzäune von guter Qualität sind grün oder braun gefärbt und fallen im Garten kaum auf. Im Fachhandel finden Sie verschiedene Ausführungen, die auch unterschiedlich viel kosten.

Wer handwerklich geschickt ist, kann seinen eigenen Schneckenzaun bauen und viel Geld sparen. Verzinktes Blech aus dem Baumarkt eignet sich hervorragend dafür. Die obere Kante von 20 bis 30 cm breiten Blechstreifen wird nach außen umgeknickt, und die Teile werden wie oben beschrieben eingesetzt. Stabiler, engmaschiger Draht (max.

3 mm) bietet sich auch als preiswertes Material für einen selbstgebauten Schneckenzaun an.

Die Zäune sollten regelmäßig kontrolliert werden, ob Lücken entstanden sind. Das Gras und die Pflanzen in unmittelbarer Zaunnähe müssen häufig zurückgeschnitten werden, damit überhängende Blätter oder lange Grashalme den Schnecken nicht das Überwinden der Zäune ermöglichen.

Kurzzeitigen Schutz bieten Elektrozäune, die ebenfalls im Fachhandel erhältlich

sind. Es sind gewellte Kunststoffstreifen, an deren Oberkante zwei elektrische Leiter aufgeschweißt sind. Die Drähte werden am Ende des Zauns an eine Batterie angeschlossen (Autobatterie, 6 oder 12 Volt). Diese versetzen den Schnecken einen Stromschlag, wenn sie darüberkriechen wollen. Sie ziehen sich zurück oder lassen sich fallen. Die Tiere werden dabei nicht getötet, sondern nur abgelenkt.

Diese Zäune haben einen großen Nachteil: Sie sind nässeempfindlich. Bei Regenwetter fällt die Strom-

Besonders haltbar sind Schneckenzäune aus verzinktem Blech (links). Wer Geld sparen will und handwerklich geschickt ist, kann aus engmaschigem Draht selbst eine Barriere gegen die Schädlinge basteln (rechts).

versorgung oft aus, da es zu Kurzschlüssen kommen kann. Und gerade bei Regen werden die Schnecken besonders aktiv!

Daher halten Elektrozäune die Invasion der Weichtiere nur vorübergehend auf und müssen regelmäßig überprüft werden.

Achten Sie auch darauf, daß sich keine Schnecken mehr innerhalb der umzäunten Fläche befinden, damit diese sich nicht rasch vermehren und doch Schaden anrichten. Hier hilft rasches Absammeln!

Ködern und Fangen

Manchmal nützen die vorbeugenden Maßnahmen überhaupt nichts, und die Schnecken machen sich trotzdem in Scharen über Ihre Pflanzen her. Haben die Schädlinge sämtliche Hindernisse und Barrieren überwunden, müssen Sie auf Schneckenjagd gehen und zu etwas härteren Mitteln greifen.

Das Auslegen von Ködern ist eine bewährte Methode, um die Schneckenmassen zu reduzieren. Als Köder dienen Mittel, die von den Schädlingen als Futter bevorzugt werden und diese deshalb anlocken. Dafür eignen sich Küchen- und Garten-

Auch ein Elektrozaun kann die Schnecken nicht aufhalten, wenn Blätter wie hier abgebildet über den Zaun hängen und eine Brücke für die Schädlinge bilden.

abfälle, Kartoffelscheiben, Schalen von Zitrusfrüchten, Löwenzahnblätter und Weizenkleie besonders gut. Legen Sie mehrere Köderhäufchen aus, die nicht weit auseinanderliegen. Denken Sie daran, daß die Schnecken erst nach Einbruch der Dämmerung aktiv werden. Haben die Tiere sich von den Leckerbissen anlocken lassen, können Sie sie in großen Mengen absammeln. Während der Nacht sollten Sie schon

noch einige Male nach den Köderhäufchen sehen und weitere Tiere ablesen. Denn Schnecken wechseln mehrmals in der Nacht den Futterplatz.

Auch eine Mischung aus Weizenkleie und Katzenbzw. Hundefutter lockt diese Weichtiere an. Die Kleie und das Trockenfutter werden im Verhältnis 1:4 vermischt und im Wasser verquollen.

Legen Sie die Köderhäufchen an Beeträndern und

Zäunen aus. Diese Stellen werden von den Schnecken besonders gerne aufgesucht, da sie viele Unterschlupfmöglichkeiten in der Nähe haben. Deshalb ist das Anlegen von künstlichen Schlupfwinkeln auch eine Möglichkeit, viele Schnekken zu fangen. Dazu eignen sich alte Holzbretter, angefeuchtete Wellpappe, Dachziegel und umgedrehte Tontöpfe besonders gut. Hier ziehen sie sich am Tage zurück. Von dem

Aus einem Joghurtbecher läßt sich eine Bierfalle ganz schnell basteln.

bekannten Versteck können Sie dann die Tiere tagsüber bequem absammeln.
Denken Sie aber daran, daß ausgelegte Köder auch Schnecken von außerhalb des Gartens anlocken. Entfernen Sie deshalb die Futterhäufchen bald und legen Sie nicht öfter als ein- bis zweimal pro Woche Köder aus.
Eine altbekannte und -bewährte Methode, um Schnecken zu fangen, ist die Bierfalle. Behälter mit Regendach erhalten Sie im Gartencenter. Aber so eine Bierfalle läßt sich auch ganz einfach selbst herstellen. Dazu eignen sich Gläser und Dosen sowie Jogurt-, Quark- oder Waschmittelbecher besonders gut. Das Gefäß wird so weit in den Boden versenkt, daß der Rand etwa 2 cm herausschaut. Schließlich sollen keine unschuldigen Käfer und andere Nützlinge zum Opfer werden. Der Becher wird am Abend zu zwei Drittel mit Bier gefüllt. Der Geruch von Alkohol, Hopfen und Malz lockt die Schnecken sogar aus größeren Entfernungen an. Damit das Bier nicht vom Regenwasser verdünnt wird, muß das Ganze eine Überdachung bekommen. Nehmen Sie dafür einen größeren Plastikbecher und

Eine handelsübliche Bierfalle mit Regendach.

schneiden Sie ringsherum U-förmige Schlupflöcher ein. Zum Schluß stülpen Sie das „Dach" über die Falle. Die Bierfalle sollte nur in Kombination mit anderen Mitteln wie beispielsweise einem Schneckenzaun eingesetzt werden. Denn durch das Bier werden auch die Artgenossen aus dem Um-

Mit Handschuhen auf die Schneckenjagd!

Nicht jeder mag diese schleimigen Tiere mit bloßer Hand anfassen. Außerdem läßt sich der Schleim schwer wieder abwaschen. Haushaltshandschuhe aus Gummi schaffen hier Abhilfe. Richtige Gartenhandschuhe sind für diese unappetitliche Arbeit nicht geeignet, da der Schneckenschleim daran haften bleibt.

feld angelockt, wodurch der Schneckenbestand in Ihrem Garten sich trotz der Falle vermehren würde anstatt abzunehmen.

Natürliche Abwehrmittel

Natürliche Pflanzschutzmittel, die man selbst herstellen kann, gewinnen heute immer mehr an Bedeutung. Jauchen, kalte Auszüge und Brühen aus Pflanzen mit schneckenabwehrenden Inhaltsstoffen zählen zu den wirksamsten biologischen Abwehrmitteln.
Für kalte Auszüge können Sie Begonien, Lavendel und Johannisbeeren verwenden. Nehmen Sie zum Beispiel 1 kg Begonienblätter und -blüten, zerkleinern Sie sie und übergießen Sie das Ganze mit 10 l kaltem Wasser. Diesen Ansatz sollten Sie einige Stunden ruhen lassen und anschließend absieben. Mit anderen geeigneten Pflanzen können Sie ähnlich verfahren. Bei den Johannisbeeren werden nur die Blätter verwendet, für den Lavendelextrakt eignen sich junge Blätter, Blüten und die Triebe. Setzen Sie diese Auszüge ein, bevor sie anfangen zu gären. Sonst verlieren sie ihre abschreckende Wirkung.

Wohin mit der Beute?

Sie haben Köder ausgelegt, künstliche Schlupfwinkel angelegt und Massen von Schnecken gesammelt. Nun stellt sich die berechtigte Frage, wohin mit den Plagegeistern? Sie können natürlich zu brutalen Methoden greifen und die Tiere mit der Schere zerschneiden bzw. zerstechen oder Salz darüberstreuen und die Schädlinge qualvoll verenden lassen.
Aber als Naturfreund wird man so etwas natürlich nicht tun! Eine Möglichkeit ist das Wegtragen der Schnecken in den nächstgelegenen Wald. Achten Sie jedoch darauf, daß Sie Ihre Beute nicht in der Nähe eines bebauten Feldes freilassen. Der Bauer wird es Ihnen nicht danken. Wollen Sie die Schnecken nicht am Leben lassen, können Sie sie mit siedend heißem Wasser überbrühen. Die Tiere sind innerhalb kürzester Zeit tot. Ein Teil der Beute läßt sich auch für die Herstellung einer Schneckenbrühe verwenden, falls Sie davor nicht zurückschrecken.

Gegen Schneckenplage sind auch Pflanzenjauchen sehr nützlich. Außerdem können sie auch als Düngemittel verwendet werden. Einige Farnarten wie Adlerfarn und Wurmfarn, aber auch Seifenkraut, Schafgarbe und Tomatenblätter eignen sich zum Verjauchen. Für Farnkrautjauche werden 1 kg frische Blattwedel zerkleinert und mit 10 l Wasser in einem großen Gefäß angesetzt. Das Gemisch muß täglich einmal umgerührt werden. Es fängt bald an unangenehm zu riechen. Etwas Steinmehl oder einige Tropfen Baldrian-Blüten-

Extrakt, die zugegeben werden, schaffen hier Abhilfe. Die Jauche ist fertig, wenn sie keine Blasen mehr wirft und eine braune Farbe hat. Die gefährdeten Pflanzen werden mit einer zehnfach verdünnten Lösung übersprüht. Mit anderen Pflanzen können Sie ähnlich verfahren. Leider ist der Erfolg solcher Mittel nicht von Dauer, da die abwehrenden Düfte bald unwirksam werden.
Ganz anders die Schneckenbrühe! Zugegeben, eine unappetitliche Angelegenheit und nicht jedermanns Sache, aber dafür um so

wirksamer. Für diese Brühe brauchen Sie 100 Schnecken (zum Beispiel die, die Sie am Abend zuvor abgesammelt haben!), die mit kochendem Wasser übergossen werden. Das Gefäß schließt man dicht ab und läßt das Ganze etwa 10 Tage stehen. Anschließend haben Sie eine Brühe, die buchstäblich zum Himmel stinkt. Diese wird mit 5 l Wasser verdünnt und auf die Beete gegossen. Die Jauche wirkt abschreckend auf die Schnecken, und sie wandern ab, allerding nur für einige Wochen. Deshalb muß die Schneckenbrühe öfter ausgebracht werden. Aber beachten Sie, daß bei der Zersetzung der Schnecken Stoffe entstehen, die auch für den Menschen schädlich sind. Daher darf diese Brühe nicht mit den Kulturpflanzen in Berührung kommen, sondern wird nur auf den Boden gegossen.

Geflügelhaltung im Garten

Enten und Hühner sind eindeutig geschicktere Schneckenfänger als die Menschen. Aber für Geflügelhaltung braucht man einen großen Garten und die nötige Zeit. Wenn Sie sich diese nützlichen Tiere

zulegen wollen, sollten Sie sich vorher unbedingt über richtige Geflügelhaltung informieren.

Besonders die Laufenten haben eine Vorliebe für Nacktschnecken. Aber auch Hühner lassen sich die Weichtiere gut schmecken. Enten und Hühner müssen

während des freien Auslaufes bewacht werden, damit sie in den Gemüsebeeten keine Schäden anrichten. Den schneckengefährdeten Gartenteil können Sie auch durch verstellbare Zäune vor den Enten schützen. Die Tiere sollten vor der Schneckenjagd nicht ge-

Unter einem alten Holzbrett suchen Schnecken gerne Schutz. So können Sie künstliche Verstecke schaffen und die Tiere am Tage leicht absammeln.

Wer einen großen Garten hat, kann Enten halten und sie auf Schneckenjagd schicken.
Aber die nötige Zeit und Kenntnisse über Geflügelhaltung sollten Sie schon besitzen.

füttert werden – und zwar am frühen Morgen oder in der Dämmerung, wenn die Schädlinge herauskriechen. Stellen Sie den Enten reichlich Wasser zur Verfügung, denn nach dem Schneckenverzehr haben sie Durst und säubern gerne ihre Schnäbel vom Schleim. Die Wegschnecken werden ziemlich groß und schleimen oft sehr stark. Gerade junge Enten können bei trockenem Wetter daran ersticken und sollten deshalb nicht zu bald auf Schneckenjagd geschickt werden.

Natürliche Feinde der Schnecken

In einem naturnahen Garten, in dem weitgehend ein biologisches Gleichgewicht herrscht, fühlen sich viele wildlebende Tiere wohl. Einige dieser Gartenbewohner sind ausgesprochene Schneckenliebhaber. Wenn Sie in Ihrem Garten die richtigen Lebensräume schaffen, locken Sie diese natürlichen Helfer an. Aber denken Sie daran, daß in dichten und feuchten Schlupfwinkeln auch die

Schnecken sich gerne aufhalten. Deshalb müssen die Schneckenjäger durch andere biologische Abwehrmittel unterstützt werden, um den Bestand der Schädlinge dauerhaft zu reduzieren. Besonders nützlich sind einige unserer heimischen Vogelarten. Besonders Drosseln und Amseln, aber auch Stare, Elster und Kleiber haben Schnecken zum Fressen gern. Die großen Nacktschnecken werden jedoch nicht besonders geschätzt. Dichte Hecken ziehen die gefiederten Helfer magisch

Der Igel frißt nicht nur Insekten, sondern läßt sich auch Schnecken gut schmecken.

Schnecken im Gemüsebeet bereichern seine Speisekarte zusätzlich.

Weitere natürliche Feinde der Schädlinge sind Amphibien und Reptilien wie Frösche und Kröten sowie die Blindschleiche. Während die Lurche nur gelegentlich einige Schnecken zu sich nehmen, genießen die Blindschleichen die schleimige Nahrung. Die Amphibien können Sie mit Feuchtbiotopen (z. B. Gartenteich) anlocken, während die Blindschleichen ähnliche Quartiere bevorzugen wie die Schnecken selbst. Die schlangenähnlichen Reptilien halten sich häufig in Komposthaufen auf. Wirksamere Helfer sind auch kleine Gliederfüßer wie Spinnen, Tausendfüßer und

an, denn hier können sie nisten. Für Höhlenbrüter wie Kleiber können Sie noch zusätzlich Nistkästen anbringen.

Auch einige Säugetiere zählen zu den Feinden der Schnecken. Es handelt sich in der Regel um nachtaktive Arten wie Igel, Maulwurf und Spitzmaus. Aber auch Ratten und Dachse verschmähen die schädlichen Weichtiere nicht.

Für Igel und Spitzmäuse können Sie aus Reisig- und Laubhaufen zusätzlich Lebensräume schaffen. Im Fachhandel sind auch Igelhäuschen aus Holz erhältlich.

Wer die Hilfe des Maulwurfs beanspruchen will, muß auch seine typischen Hügel

im Garten in Kauf nehmen. Der Maulwurf schadet dem Garten nicht, da er keine Wurzeln und Pflanzen frißt, sondern sich hauptsächlich von Insekten und Regenwürmern ernährt. Die

Schnecken gehören zwar nicht zur Hauptnahrung des Maulwurfs, werden aber trotzdem gerne von ihm gefressen.

Insekten. Da viele von ihnen gegen den Schleim der ausgewachsenen Schnecke nicht ankommen, fressen sie deren Eier und machen sich auf diese Weise nützlich. Viele nachtaktive Laufkäfer und deren Larven sind gute Schneckenjäger. Die Larven des Glühwürmchens und des Großen Leuchtkäfers haben sich sogar auf diese Weichtiere spezialisiert. Sie können die um ein Vielfaches größeren Tiere mit einem Giftbiß töten. Sogar bestimmte Weberknechtarten jagen Schnecken. Eigelege der Schädlinge werden auch von der Weinbergschnecke gefressen, die Glanzschnecken machen sich an die Jungschnecken heran.

Auch einige Gliederfüßer zählen zu den natürlichen Feinden der Schnecken. Hier verzehrt ein Laufkäfer eine Spanische Wegschnecke.

Sie können für diese Nützlinge aus Zweigen, pflanzenabfällen und alten Brettern einen Lebensraum schaffen.
Eine weitere Art der biologi-

schen Bekämpfung stellt der Einsatz von nützlichen Parasiten dar. Es handelt sich hier um winzige Fadenwürmer (Nematoden), die man mit dem bloßen Auge kaum sehen kann. Experimente mit *Phasmarhabditis hermaphrodita* haben gezeigt, daß die Fadenwürmer die Schnecken durch die Atemlöcher angreifen und dort Bakterien freisetzen, die sich sehr schnell vermehren. Die Stoffwechselprodukte dieser Bakterien führen dann zur Erkrankung der Schnecken. Der Mantel schwillt nach einigen Tagen an, bald gehen die Tiere ein. In Großbritannien wurde bereits ein Präparat aus diesen Parasiten entwickelt, das in-

Viele Menschen haben Angst vor Blindschleichen und halten sie für Schlangen. Dabei handelt es sich um harmlose Echsen, die gerne Schnecken jagen.

Chemische Präparate zur Schneckenbekämpfung führen vor allem zur Entwässerung der Tiere. Aber nicht alle Schnecken werden dabei getötet, sondern nur geschwächt. Diese Tiere sollten später abgesammelt werden, damit sie sich nicht wieder erholen können.

zwischen bei uns auch erhältlich ist. Es muß im Fachhandel bestellt werden, wie es bei lebenden Nützlingen allgemein der Fall ist. Eine wirksame Schneckenabwehr ist letztendlich nur dann möglich, wenn das biologische Gleichgewicht im Garten stimmt und verschiedene Methoden kombiniert angewandt werden. Es ist aber unmöglich, den Garten völlig von den Schnecken zu befreien, was auch gar nicht das Ziel eines Gärtners sein kann. Denn trotz der Schäden, die sie anrichten, leisten auch sie als Boden-

bewohner ihren Beitrag zur schnellen Zersetzung von organischem Material.

Schneckengifte

Fast jedem Gartenbesitzer ist schon einmal der Kragen geplatzt, weil durch eine Schneckeninvasion die ganze Arbeit umsonst war. Da ist es auch verständlich, wenn der eine oder der andere zum altbekannten Schneckenkorn greift. Aber dieses Schneckengift sollte der Hobbygärtner wohlüberlegt, am besten gar nicht einsetzen. Denn die Wirkung des Schneckenkorns

ist nicht so überwältigend, daß man die Gefahren und die ökologischen Folgen in Kauf nimmt.

Im Handel erhältliche Präparate – Wirkung und ökologische Folgen

Auf dem Markt befindliche Schneckenköder werden auf Grundlage von Metaldehyd und Methiocarb – zwei schneckentötenden Wirkstoffen – hergestellt. Den als Granulat angebotenen Ködern wird als Lockstoff Kleie beigegeben.
Präparate mit Metaldehyd

sind weniger giftig als die mit Methiocarb. Dieses Gift wirkt vor allem bei Fraß, hauptsächlich gegen Nacktschnecken. Es regt zu übermäßiger Schleimproduktion an, was zur Störung des Wasserhaushaltes im Schneckenkörper führt. Metaldehyd ist ein Kontakt- und Fraßgift, seine Wirkung stellt sich jedoch nicht sofort ein. Das Mittel muß wiederholt ausgebracht werden. Bei nasser Witterung und niedrigen Temperaturen läßt die Wirkung nach. Nur etwa 20 Prozent der Schnecken, die mit diesem Giftstoff in Berührung kommen, finden auch den Tod. Metaldehydhaltige Köder sind für Haustiere und wildlebende Säugetiere wie Igel, aber auch für kleine Kinder gefährlich, was für Methiocarb nicht gilt. Also wenn diese Präparate schon eingesetzt werden, dann nur genau nach Vorschrift. Haustiere und Kinder sollten von den behandelten Flächen ferngehalten werden.
Der Wirkstoff Methiocarb (Handelsname Mesurol) tötet nicht nur Schnecken (Sterblichkeitsrate etwa 50 Prozent), sondern beeinträchtigt auch das Bodenleben, schädigt vor allem Laufkäfer und Regen-

würmer. Auch der Igel, wenn er größere Mengen mit Methiocarb vergiftete Schnecken frißt, kann geschädigt werden. Außerdem ist Methiocarb fischgiftig und darf nicht in unmittelbarer Nähe von Gewässern ausgebracht werden.
Beide Wirkstoffe dürfen auf einer Fläche maximal zweimal ausgelegt werden.
Wenn Sie sich für diese Präparate entschieden haben, sollten Sie zumindest richtig damit umgehen. Die Körnchen werden in kleinen Häufchen in überdachten Kunststoffbechern – im Fachhandel erhältlich –

ausgelegt. Der richtige Zeitpunkt ist der Abend, damit die Schnecken zahlreich erscheinen. Die noch lebenden Tiere, die Sie nach dem Ausbringen der Köderstoffe finden, sollten Sie einsammeln und vernichten. So können sie sich nicht erholen und auch dem Igel nicht zum Verhängnis werden.
Wenn Sie Ihren Garten naturnah gestalten, die vorbeugenden Vorkehrungen zur Schneckenabwehr treffen und bei einer Invasion biologische und mechanische Mittel einsetzen, wird es nicht nötig sein, zu diesen giftigen Präparaten zu greifen.

Schneckenband

Im Handel sind auch sogenannte Schneckenbänder erhältlich. Es handelt sich um Köderfolien, die mit dem bereits beschriebenen Wirkstoff Metaldehyd bestrichen sind. Diese Bänder werden um die zu schützende Fläche so ausgerollt, daß der Abstand von den Gemüsepflanzen bzw. Erdbeeren mindestens 10 cm beträgt. Die Anwendung kann bei Bedarf wiederholt werden, doch muß, wie bei anderen Präparaten mit

diesem Wirkstoff, der Abstand von 14 Tagen eingehalten werden. Es heißt, daß diese Bänder für Katzen, Hunde sowie Vögel unattraktiv seien. Wird eine chemische Methode zur Schneckenabwehr gewählt, können diese Schneckenbänder besonders in Kleingärten zum Erfolg führen. Aber Sie sollten nicht außer acht lassen, daß es sich dabei um ein giftiges Präparat handelt!

Blattläuse

Biologie der Blattläuse

Blattläuse (Aphidina), die zu den häufigsten Schädlingen an unseren Zier- und Kulturpflanzen zählen, gehören zu den pflanzensaugenden Schnabelkerfen. Weltweit sind etwa 3000 Blattlausarten bekannt, davon leben über 800 in Mitteleuropa. Es handelt sich um sehr kleine Insekten ohne oder mit häutigen Flügeln. Sie tragen Fühler, Riechorgane und Seitenaugen. Geflügelte Tiere haben drei Stirnaugen. Blattläuse besitzen einen

Stechrüssel, mit dem sie Pflanzesäfte saugen. Wenn die Tiere angegriffen werden, scheiden sie aus den Röhrchen, die sich am Hinterleib befinden, eine wachsartige Blutflüssigkeit aus. Die Ähnlichkeit des Körperbaus erschwert die Artbestimmung so sehr, daß keine Bestimmungsbücher über diese Kleinstinsekten existieren.

Blattlaus ist nicht gleich Blattlaus

Es gibt kaum eine Kulturpflanze, die nicht von Blattläusen befallen wird. Diese Schädlinge kommen in verschiedenen Formen und

Farben wie Grün, Gelb oder Schwarz vor. Einige sehen durch weißliche Wachsausscheidungen, die zu ihrem Schutz dienen, wie gepudert aus. Blattläuse treten an Zimmerpflanzen, Wintergartengewächsen, Balkonpflanzen auf und besiedeln auch viele unserer Gartenpflanzen. Wenn man nicht aufpaßt, sind die Pflanzentriebe bald grünlich, gelblich oder schwärzlich gefärbt. Blüten werden ebenfalls befallen. Einige wenige Arten bevorzugen das Wurzelwerk ihrer Wirtspflanze.

Die von allen Pflanzenfreunden gefürchteten Blattläuse schädigen zunächst einmal durch das Besaugen der Pflanzenteile, die sie befallen, entziehen ihnen also den Saft. Durch diese Saugtätigkeit dringt der giftige Speichel der Tiere in das Pflanzengewebe, das zu krankhaftem Wuchs angeregt wird. Die Blätter verfärben oder kräuseln sich, Triebspitzen verkrüppeln, und Knospen fallen ab. Manche Arten bilden Blattrollen, Gallen oder ähnliche Wucherungen. Blattläuse richten aber auch Schäden durch den süßen Honigtau, den sie ausscheiden, an. Auf dieser klebrigen Flüssigkeit siedeln sich

Blattläuse sind mit stechend-saugenden Mundwerkzeugen ausgerüstet. In einer Läusekolonie kommen ausgewachsene Tiere (im Bild), junge Läuse, Larven, aber auch geflügelte Formen vor.

Rußtaupilze an, die die Pflanze nicht nur unansehnlich machen, sondern auch deren Assimilationsleistung beeinträchtigen. Der Honigtau dient vielen Ameisen als Nahrung. Der Besuch der Ameisen regt die Blattläuse zur verstärkten Saugtätigkeit an. Denn sie betrillern die kleinen Pflanzensauger mit ihren Fühlern. Diese scheiden dann mehr Honigtau aus, und der Schaden wird größer.

Die kleinen Schädlinge können auch Viren übertragen, die zur Erkrankung gesunder Pflanzen führen. Die meisten Blattlausarten haben sich auf bestimmte Gewächse spezialisiert (z. B. Erdbeerlaus, Gurkenlaus, Erbsenlaus) oder sind wirtswechselnd wie die Grüne Pfirsichlaus oder die Schwarze Bohnenlaus.

Die wichtigsten Arten

Der häufigste und bedeutendste Schädiger unter den Blattläusen ist die **Grüne Pfirsichblattlaus** *(Myzus persicae)*. Die 1 bis 3 mm großen Insekten sind mattoliv bis gelblich-grün. Diese Blattlausart benutzt viele Pflanzen als Sommerwirt und ist aus diesem Grund sehr schädlich. Sie überwin-

tert am Pfirsichbaum als Ei. Aber eine Überwinterung an Gewächshauspflanzen oder bei milder Witterung an Sommerwirten kommt auch häufig vor.

Wenn die ersten Knospen sich öffnen, schlüpfen die Tiere der ersten Generation aus. Von Juli bis August ist die Befallsrate der Sommerwirte am höchsten. Ameisen werden durch den Honigtau nicht angelockt.

Der Winterwirt ist der Pfirsich, während mehr als 400 Pflanzen (von Kartoffel bis Pepperoni, Hibiskus bis Margerite und Kapuzinerkresse) als Sommerwirte dienen können.

Von Blattläusen befallene Blätter kräuseln sich und vertrocknen, wie hier die Blätter einer Rose, die durch die Rosenblattlaus geschädigt wurden.

Spitzendürre an Pfirsich, verursacht durch die Schwarzgefleckte Pfirsichblattlaus.

Der Befall durch diese Blattlausart führt zur Kräuselung der Blätter, zu Blattaufhellungen sowie zum frühen Blattfall. An Kartoffeln kommt es zur Übertragung von Viruskrankheiten.

Die Schwarze Bohnenblattlaus *(Aphis fabae)* ist neben der Pfirsichblattlaus die am häufigsten vorkommende Art. Sie wechselt ebenfalls die Wirtspflanze. Sie überwintert an Pfaffen-

Eine Kolonie der Schwarzen Blattlaus mit ungeflügelten und geflügelten Tieren.

hütchen und Schneeball. Ab Juli zieht sie um und ist vor allem auf Bohnen (daher der Name!), Zucker- und Futterrüben, Tomaten, an verschiedenen Kräutern, Dahlien und Mohn zu finden. Durch den Befall verkümmern die Triebe, und der Fruchtansatz fehlt.

Schädlinge im Ziergarten

Kaum haben die Rosen im Garten, aber auch im Kübel auf der Terrasse die jungen Triebe gebildet und die ersten Knospen hervorgebracht, versucht die **Rosenblattlaus** (*Macrosiphum rosae* u.a.) sich anzusiedeln. Diese Laus wird 3 bis 4 mm groß und kann laubgrün, zitronengelb oder fleischrot gefärbt sein. Sie ist leicht gepudert und wird von Ameisen nicht besucht. Ihr Hauptwirt ist die Rose, die Nebenwirte sind Baldrian, Artischocke, gelegentlich auch Apfel, Birne und Erdbeere. Bei Befall welken vor allem die Knospen. Ist die Pflanze stark befallen, kräuseln sich die jungen Triebe, die Blätter werden klebrig, und der Rußtaupilz breitet sich aus.
Die beliebteste und eine der robustesten unserer Balkon-

Die Seerosenblattlaus wird in der Regel von den räuberischen Libellenlarven vertilgt.

pflanzen ist die Pelargonie, und sogar sie wird gelegentlich von der **Pelargonienblattlaus** *(Aulacorthum pelargonii)*, die auf diese Pflanze spezialisiert ist, heimgesucht. Die Schädlinge saugen an den jungen Pflanzenteilen. Dadurch verkrüppeln die Blätter, deren Oberseiten dann Wölbungen aufweisen. Durch diese Blattlausart werden aber vor allem verschiedene Virus- und Bakterienkrankheiten übertragen.
Eine weitere Blattlausart, die größere Schäden anrichten kann, ist die **Chrysanthemenblattlaus** *(Pyrethromyzus sanborni)*. Sie kommt,

Eine Rosenblattlauskolonie mit erwachsenen Tieren, Larven und den weißen Häutungsresten.

Blattlausarten an Obst

Eine große Zahl verschiedener Blattlausarten befallen die Obstbäume. Die meisten von ihnen sind streng spezialisiert auf eine Wirtspflanze, d. h. sie befallen nur eine ganz bestimmte Obstart. Aber im Sommer wechseln viele von ihnen die Wirtspflanze und siedeln auf krautige Pflanzen um. Im Herbst kehren sie auf den Hauptwirt zurück, um dort als Ei zu überwintern. An Kernobst findet man häufig die winzigen Schädlinge wie z. B. die **Grüne Apfelblattlaus** *(Aphis pomi).* Die ungeflügelten Tiere und die Larven sind blattgrün. Der Kopf, die Fühler und die Beine der geflügelten Formen haben eine braunschwärzliche Farbe. Sie befallen vor allem Apfelbäume, aber auch Weißdorn und Mispel. Besonders Blätter und junge Triebe sind gefährdet. Es kommt zu Triebstauchungen, und die Blätter rollen sich ein und können vertrocknen. Diese Blattlaus wechselt den Wirt nicht und wird von Ameisen besucht. Durch die verstärkte Honigtauproduktion kann sich der Rußtaupilz im Sommer stark ausbreiten.

wie der Name schon sagt, vor allem an Chrysanthemen, aber auch anderen Korbblütlern sowie an Pflaumen vor. Besonders die Blätter sind davon betroffen; sie werden wellig und verkümmern.

Auch vor Wasserpflanzen machen die Blattläuse nicht halt. Die majestätische Seerose wird häufig von der schwarzen **Seerosenblattlaus** befallen, die sich auf diese Schwimmblattpflanze spezialisiert hat. Sie schädigt die großen Blätter und die schönen Blüten, wenn die Blattlaus nicht rechtzeitig bekämpft wird.

Ein weiterer Schädling an Apfelbäumen ist die **Mehlige Blattlaus** *(Dysaphis plantaginea).* Sie ist graubraun und wachsartig gepudert. Die Larven sind rötlich. Der Apfel ist der Hauptwirt. Nach Juni wechselt die Laus auf Kerbel und Wegericharten. Dieser Schädling scheidet beim Saugen Giftstoffe aus. Dadurch kräuseln sich die Blätter. Bei starkem Befall welken die Blüten, und die Triebenden vertrocknen.

Die Grüne Apfelblattlaus verursacht nur an jüngeren Obstbäumen größere Schäden.

Jungfrüchte weisen Deformationen auf. Die Schäden dieser Blattlausart treten sehr bald auf. Daher ist bei schwülem Wetter eine Kontrolle alle 3 bis 5 Tage angesagt, wenn Sie einen Apfelbaum im Garten haben. Ein weiterer Schädling an Apfelbäumen ist die **Apfelfaltenlaus** *(Dysaphis spec.)*. Diese Art ist zunächst grau, die weiteren Generationen sind aber hellbraun. Ihr Hauptwirt ist der Apfel, später wechseln sie jedoch die Pflanze und gehen auf Ampfer, Baldrian und Kerbel. Sie verursachen keinen großen Schaden, lediglich am Apfelbaum bildet die Laus rötliche Blattrandwülste.
Ebenfalls nicht sehr schädigend ist die **Apfelgraslaus** *(Rhopalasiphum insertum)*. Sie ist hellgrün mit zwei Streifen auf dem Rücken.

Die Kirschblattlaus ist besonders an der Sauerkirsche häufig zu beobachten.

Die Apfelgraslaus wechselt den Wirt (Apfel) und geht im Sommer auf Gräser. Sie verursacht nur ein leichtes Einrollen der Blätter und muß nicht bekämpft werden.
Auch Steinobst wird von Blattläusen heimgesucht. Der Hauptwirt der Kirsche ist die **Kirschblattlaus** *(Myzus cerasi)*. Sie ist glänzend schwarz und ist hauptsächlich an den Blattunterseiten junger Bäume zu finden. Im Sommer wandern sie auf krautige Pflanzen (Ehrenpreis, Labkraut) ab. Sie werden von Ameisen besucht. Die starke Honigtauausscheidung fördert Rußtaubildung. Die Blätter werden eingerollt, die Triebe gestaucht.
Die Zwetschgen- und Pflaumenbäume sind ebenfalls durch Blattläuse gefährdet. Eine der häufigeren Arten ist die **Grüne Zwetschgenblattlaus** *(Brachycaudus*

helichrysi). Diese beiden Pflanzen sind die Hauptwirte, besonders in der Blütezeit. Später geht die Laus auf Kräuter, Löwenzahn, Aster und Kornblume. Beim saugen scheidet sie Giftstoffe aus. Die befallenen Blätter kräuseln sich und verdorren.
Ein anderer Schädling an Steinobst ist die **Mehlige Zwetschgenblattlaus** *(Hyalopterus pruni)*. Durch

Die Mehlige Zwetschgenblattlaus befällt Zweige, Triebe und Blätter von Pflaume und Zwetschge.

Die Apfelfaltenlaus gehört zu den Blattlausarten, die nur geringe Schäden verursachen.

Um einer Massenvermehrung der gelblich-grünen Johannisbeer-blasenlaus (Cryptomyzus ribis) vorzubeugen, sollten Johannis- und Stachelbeersträucher ab Austriebsbeginn regelmäßig auf Befall kontrolliert werden.

Wachsbildung hat diese grüne Lausart ein mehliges Aussehen. Sie überwintert an Steinobst, geht später auf Schilfgräser. Sie bildet große Kolonien auf der Blattunterseite. Es kommt zur Rußtaubildung. Ein starker Befall beeinträchtigt die Entwicklung der Triebe und Früchte.

Blattlausarten an Gemüse

Neben der Schwarzen Bohnenblattlaus – die häufigste Blattlaus überhaupt – gibt es eine Reihe anderer Blattlausarten, die Schäden am Gemüse anrichten. Auf allen Hülsenfrüchtlern (Leguminosen) kommt die **Grüne Erbsenblattlaus** *(Acyrtosiphon pisum)* vor. Mit einer Länge von 3 bis 6 mm ist sie die größte an Gemüse vor-

kommende Laus. Sie ist graugrün oder schwach rötlich gefärbt und etwas mit Wachs gepudert. Die Eier überwintern an Leguminosen wie Klee und Luzerne. Die Blätter und Fruchthälse der befallenen Pflanzen sind deformiert, die Triebe gestaucht.

In warmen, trockenen Sommern tritt die **Mehlige Kohlblattlaus** *(Brevicoryne brassicae)* sehr häufig auf

und vermehrt sich massenhaft. Die Tiere befallen ausschließlich Kreuzblütler. Ihre schwarzen Eier überwintern an Raps oder Kohlstrünken. Im Mai entwickelt sich die erste geflügelte Generation, wodurch die Ausbreitung auf andere Bestände erfolgt. Diese Blattlaus ist sehr unempfindlich und hält Temperaturen unter –10 °C aus. Die mehlige Schicht schützt die Tiere, so daß sie frühzeitig bekämpft werden sollten. Durch das Ausscheiden von Speichelflüssigkeit verursacht sie Blattkräuselung an Pflanzen, die sie befällt. Es kommt zur Rußtaubildung und zur Virusübertragung. Man findet sie an Kohlgewächsen wie Rosenkohl, Kopfkohl, Raps, Rettich, aber auch an anderen Kreuzblütlern und Zierpflanzen.

Die Mehlige Kohlblattlaus bildet ihre Kolonien auf der Blattunterseite.

Lebensweise und Ernährung der Blattläuse

Die Blattläuse zählen zu den häufigsten und wichtigsten Schädlingen an unseren Kulturpflanzen. Es gibt kaum Pflanzenarten, die sie nicht befallen und schädigen. Wie schon erwähnt, haben sich die meisten Arten auf bestimmte Wirtspflanzen spezialisiert. Die Grüne Pfirsichblattlaus jedoch sucht im Sommer mehr als 400 Pflanzenarten auf, die ihr als Nebenwirt dienen. Deshalb ist diese

Laus am häufigsten anzutreffen – an Zimmerpflanzen, auf Balkon und Terrasse, im Ziergarten sowie an Obst und Gemüse. Das Leben der Blattläuse, die sich Zimmerpflanzen ausgesucht haben, wird durch trockene Luft in den Räumen begünstigt. Schädlinge, die Gartenpflanzen befallen haben, fühlen sich bei hohen Temperaturen im Sommer besonders wohl und vermehren sich deshalb explosionsartig.
Die kleinen tropfenförmigen Insekten bilden Kolonien und siedeln sich bevorzugt

an den zarten Triebspitzen und an den Blattunterseiten an. An diesen Stellen ist der Pflanzensaft, von dem sie sich enähren am nährstoffreichsten, da die jungen Pflanzenzellen die Nährstoffe enthalten, die für das Wachstum benötigt werden. Die Blätter dienen dem Stoffwechsel der Pflanze und sind deshalb reich an Nährstoffen. Die Schädlinge bevorzugen geschwächte Pflanzen, deren Zellgewebe sie mit ihrem Stechorgan leichter durchdringen können.
Um an den Pflanzensaft heranzukommen, stechen die Blattläuse in das Pflanzengewebe, bis sie ein Leitbündel getroffen haben. Dann lassen sie den Saft durch den Unterdruck in der Pflanze einfach einfließen ohne selbst saugen zu müssen. Die Tiere nehmen mehr Pflanzensaft auf, als sie verdauen können, um genügend Nährstoffe zu erhalten. Der überschüssige Saft wird dann als durchsichtige, klebrige Flüssigkeit, die man als „Honigtau" bezeichnet, ausgeschieden. Während sie saugen, können die Blattläuse Viren aufnehmen und diese auf andere Pflanzen, die sie aufsuchen, übertragen.

Blattläuse befallen verschiedene Pflanzenteile wie Blätter und Triebspitzen, wo sie sich von dem reichlich vorhandenen Pflanzensaft ernähren.

Entwicklungszyklus

Der Entwicklungszyklus der
Blattläuse ist sehr eigenar-
tig und etwas verwirrend.
Wenn Sie Einiges darüber
erfahren, können Sie auch
verstehen, wie sie sich ausbreiten und warum es ge-
legentlich zu Massenver-
mehrungen kommt. Dann
haben Sie die Möglichkeit,
rechtzeitig vorbeugende
Maßnahmen zu treffen oder
entsprechende Abwehr-
mittel einzusetzen.
Die Blattläuse können sich
sowohl geschlechtlich als
auch ungeschlechtlich vermehren. Die geschlechtliche
Vermehrung findet im
Herbst statt und ist mit
einem Wirtswechsel verbunden (Sommerwirt-Winter-
wirt). Es werden Männchen
und Weibchen gebildet.
Nach der Befruchtung legen
die Weibchen widerstands-
fähige, schwarze Eier. Diese
überwintern in den Rinden-
ritzen oder Knospenwinkeln
von krautigen Pflanzen,
Sträuchern oder Bäumen,
dem sogenannten Winter-
wirt. Aus den Wintereiern
schlüpfen im Frühjahr Weibchen. Bis Herbst werden
keine Eier mehr gelegt,
sondern nur weibliche Tiere
geboren, die sich wiederum,
ohne befruchtet zu werden,
weiter vermehren. Diesen

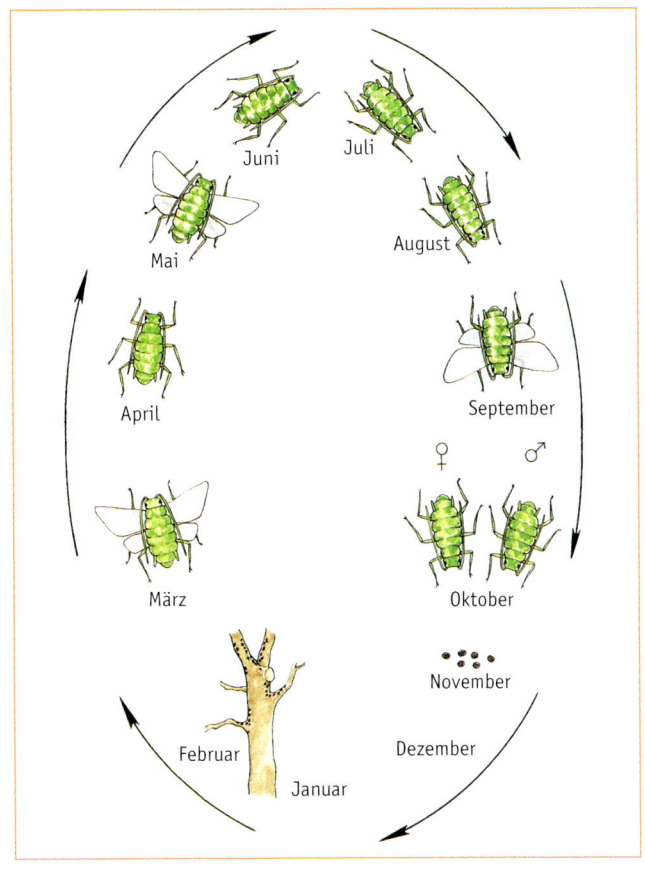

Der Entwicklungszyklus der Blattläuse im Laufe eines Jahres.

Vorgang bezeichnet man
als Jungfernzeugung oder
Parthenogenese. Weibliche
und männliche Tiere werden
wieder im Herbst gebildet.
Bei günstiger Witterung
kann die ungeschlechtliche
Vermehrung das ganze Jahr
stattfinden. Die Jungfernzeugung sowie die kurze
Entwicklungsdauer (etwa
eine Woche) der Blattlaus-

larven zu ausgewachsenen
Schädlingen sind die
Gründe, warum die Blatt-
läuse sich so stark ver-
mehren können.
Bei ungünstigen Umwelt-
bedingungen (zu große
Population der Blattläuse,
geschwächte Wirtspflanze
oder schlechte Lichtverhältnisse) werden geflügelte
Läuse geboren. In Blattlaus-

kolonien werden solche geflügelten Tiere ab Spätfrühling beobachtet. Sie schwärmen bei schönem Wetter aus, besiedeln andere Pflanzen, wo sie neue Kolonien gründen. Bei zu hohen Temperaturen kann es zur explosionsartigen Vermehrung der Blattläuse kommen, da die Tiere von Frühjahr bis Herbst etwa 15 Generationen bilden.

Bei zu trockener Luft hilft tägliches Besprühen der Pflanzen mit Wasser.

Wenn Blattläuse zur Plage werden – vorbeugende Maßnahmen

Werden Pflanzen im Garten, auf dem Balkon oder in der Wohnung von Schädlingen befallen oder bekommen Krankheiten, so ist es in der Regel kein Zufall. Blumen, Obst und Gemüse locken Schadtiere und Krankheitserreger wie Pilze nur dann an, wenn die Widerstandskraft dieser Pflanzen geschwächt ist. Die Gründe dafür können sehr unterschiedlich sein. Ein guter Gärtner versucht erst einmal, die Ursachen zu erkennen. Dazu sollten Sie über die Lebensbedingungen der Pflanzen, die Sie für Ihren Garten oder Ihr Heim aus-

gesucht haben, Bescheid wissen. Denn sie stellen unterschiedliche Anforderungen an den Standort. Im Garten müssen das Kleinklima, der Boden, das Wasser und die Nährstoffzufuhr bedacht werden. Bei Zimmerpflanzen sind in erster Linie die richtigen Lichtverhältnisse, Wärme- und Feuchtigkeitsansprüche, die Ernährung und die Zusammensetzung des Substrats zu beachten.

Das Kleinklima

Das Klima innerhalb des Gartens kann sich von den Bedingungen außerhalb des Grundstücks unterscheiden. Hohe Hecken und Nachbarhäuser lassen häufig einen windgeschützten Bereich entstehen, wo es milder als außerhalb des Gartenzauns ist. Aber die Bedingungen

im Garten können auch schlechter als die der Umgebung sein, zum Beispiel bei zu dichtem Bewuchs. Hier ist es feucht-kühl, und die Lichtverhältnisse sind auch nicht optimal.

Boden

Eine der wichtigsten Voraussetzungen für gesunde Pflanzen ist der richtige Gartenboden. Wenn Sie die Beschaffenheit der Erde in Ihrem Garten kennen, können Sie zunächst einmal die Gewächse aussuchen, die sich hier wohl fühlen. Lassen die Bodenverhältnisse kaum eine Pflanze richtig gedeihen, wären bodenverbessernde Maßnahmen angebracht. Dazu müßten Sie aber erst einmal wissen, welche Bodenart vorliegt. Die Bodenbeschaffenheit läßt sich relativ einfach feststellen. Sie können so vorgehen wie auf Seite 19 beschrieben ist. Folgende Bodenverhältnisse führen zur gesundheitlichen Schwächung von Pflanzen:
Saurer Boden: Zu hoher Säuregehalt wirkt bei den meisten Gewächsen schädigend, und es kommt zu gesundheitlichen Problemen. Nur einige Spezialisten wie Heidegewächse fühlen sich hier wohl.

Sandiger Boden: Da diese Bodenart rasch trocknet, gedeihen vor allem feuchtigkeitsliebende Pflanzen hier nicht richtig.

Verdichteter, schwerer Boden: Bei dieser Bodenart kommt es zu Staunässe und Wurzelschäden. Die Folgen sind Wachstumsstörungen und Herabsetzung der Widerstandsfähigkeit.

Humusarmer Boden: Durch Nährstoffmangel werden vor allem Nutzpflanzen und anspruchsvolle Gewächse anfällig für Schädlinge und Krankheiten.

Maßnahmen zur Bodenverbesserung finden Sie auf Seite 19.

Wasser

Dieses lebenswichtige Element kann unter Umständen die Ursache für verschiedene Störungen sein. Zu wenig davon läßt die Pflanzen vertrocknen, zu viel Wasser führt zu Fäulnis. Das nasse Element kann auch im Zusammenhang mit der Bodenart schädigend sein. Zum Beispiel bei schweren Böden kommt es schnell zur Staunässe, denn das Wasser kann sich nicht gleichmäßig im Boden verteilen. Hier hilft die Bodenlockerung durch Einarbeiten von Sand oder Gründün-

gung. Auch Gießfehler können Pflanzen schwächen. Es kommt zu Verbrennungsschäden, wenn Sie im Sommer in der Mittagszeit gießen. Zu viel Wasser auf den Blättern kann Pilzinfektionen nach sich ziehen. Dadurch wird die Pflanze geschwächt und anfällig für Schädlinge wie die gefürchteten Blattläuse.

Nährstoffe

Neben Faktoren wie Temperatur, Licht und Wasser spielt die richtige Nährstoffzufuhr eine wichtige Rolle für ein optimales Wachstum der Pflanzen. Das Nährstoffangebot ist eng mit den Bodenverhältnissen verbunden. Gewächse, die ausgewogen ernährt werden, sind

Ernährungsfaktor

Stickstoff
Mangel: hellgrüne bis gelbliche Blattverfärbung, Wachstumsstörung (Pflanze bleibt klein)
Überschuß: dunkelgrüne Färbung, übergroße weiche Blätter, aufgeschwemmtes Gewebe, hochaufgeschossene Stengel

Phosphor
Mangel: rötliche, auch bläuliche Verfärbungen der Blätter, spärlicher Fruchtansatz
Überschuß: Wachstumshemmung

Kali
Mangel: braune, eingerollte Blattränder; Pflanzen gedeihen schlecht und welken leicht
Überschuß: Aufnahme von

Magnesium (Spurenelement) wird gehemmt, die Folge ist Wachstumsstörung.

Kalk
Mangel: verkümmerte Triebe, schlechtes Wurzelwachstum
Überschuß: rasches Wachstum, dadurch schneller Verbrauch von Bodennährstoffen

Spurenelemente
Magnesiummangel: gelblich gefärbte Blattstellen, Blattadern stark hervortretend, braune Blattränder, später Blattfall
Eisenmangel: gelbliche Färbung der Blätter, Hervortreten der grünen Blattadern, allgemeine Schwächung der Pflanze

Gelbfallen sind mit geruchsfreiem Leim bestrichen und locken die Schadorganismen an.

kräftig und widerstandsfähig. Mangel an Nährstoffen hingegen mindert die Widerstandsfähigkeit und erhöht die Anfälligkeit der Pflanzen für Schädlinge und Krankheiten. Aber auch Nahrungsüberfluß kann sich negativ auswirken und das Wachstum sowie die Gesundheit beeinträchtigen. Schädlinge werden von geschwächten Pflanzen magisch angezogen. Sie befallen immer zuerst die

weichen Pflanzenteile oder Gewächse, die in ihrem Wachstum gehemmt sind. Die Blattläuse zum Beispiel können ins weiche Pflanzengewebe besser einstechen, um von dem Pflanzensaft zu saugen. Eine gesunde Pflanze aber hat auch festeres Gewebe und macht den saugenden Schädlingen das Leben schwer. Hauptnährstoffe wie Stickstoff, Phosphor, Kali sowie Kalk und Spurenelemente (Magnesium, Eisen, Kupfer, Zink und Molybdän) sorgen für eine ausgewogene Ernährung der Pflanzen.

Zimmer- und Balkonpflanzen

An Pflanzen im Haus und auf dem Balkon trifft man Blattläuse ebenfalls sehr häufig an. Auch hier gilt: Vorbeugen ist besser als heilen!
Bei Gewächsen im Zimmer und auf dem Balkon ist der Standort ebenfalls sehr wichtig. Verschiedene Pflanzen stellen unterschiedliche Ansprüche an das Licht, das für ihr Gedeihen eine wesentliche Voraussetzung ist. Daher sollten Sie die Wünsche Ihrer Zierpflanzen nach der erforderlichen Lichtintensität unbedingt

erfüllen, wenn Sie gesundes Grün im Haus wollen. Gerade Lichtmangel fördert unter anderem die Anfälligkeit der Pflanzen für Schädlinge und Krankheiten. Aber zu viel Licht sowie ein plötzlicher Wechsel der Lichtverhältnisse können die Gewächse ebenfalls schädigen.
Zimmergärtner sollten auch die spezifischen Temperaturbedürfnisse der einzelnen Pflanzen berücksichtigen. Die Einhaltung der optimalen Temperatur ist besonders im Winter schwierig. Denn viele Pflanzen benötigen während der Winterruhe kühlere Temperaturen, und nicht immer hat man einen solchen Raum zur Verfügung stehen. Oft muß es das Treppenhaus oder ein heller Kellerraum sein. Glücklich ist der Pflanzenliebhaber, der einen Wintergarten besitzt.
Auch die Luftfeuchtigkeit ist von Bedeutung. Gerade Blattläuse vermehren sich bei trockener Luft sehr stark. Hier helfen häufiges Besprühen mit kalkfreiem Wasser, Aufstellen von wassergefüllten Schalen oder die altbekannten Verdunstungsgefäße an den Heizkörpern. Zu feuchte Luft ist ebenfalls schädigend, da die Pflanzen leichter von Krankheitserre-

gern befallen werden. Wasser, Nährstoffe und Substrat sind auch bei Zimmer- und Balkonpflanzen wichtige Faktoren, die zur Erhaltung der Gesundheit der Gewächse dienen und sie vor Schädlingsbefall bewahren.

Wenn die Schädlinge die Oberhand gewinnen – Großmutters Tips

Durch vorbeugende Maßnahmen kann jeder Gärtner die Gesundheit seiner Pflanzen erhalten und sie dadurch vor Schädlingen und Krankheiten weitgehend schützen. Aber schädlingsfreie Gärten gibt es nicht, und das gilt auch für die Gewächse im Haus und auf dem Balkon. Besonders ungewöhnliche Witterungsbedingungen können Massenvermehrungen von Schädlingen begünstigen. Beispielsweise nach milden Wintern werden ganze Landstriche von Blattläusen heimgesucht. Gerade bei diesen Tieren spielt der kurze Lebenszyklus (Seite 43) für die ungewöhnlich hohe Vermehrungsrate eine große Rolle.

Außerdem kann jeder einmal Fehler machen oder

etwas nachlässig sein. Auch in der Urlaubszeit werden die Beete nicht ausreichend gegossen oder die Zimmerpflanzen von der Nachbarin nicht sorgfältig genug gepflegt. Und da warten die Plagegeister schon und ergreifen jede Gelegenheit, Sie zu überlisten.

Für solche Situationen gibt es zahlreiche naturgemäße Pflanzenschutzmittel, und der Griff nach Chemie muß nicht sein.

Es sind eine Reihe von Pflanzen bekannt, die blattlausabwehrende Inhaltsstoffe besitzen. Die Wirkung solcher Gewächse in der Schädlingsbekämpfung haben zum Teil schon unsere Urgroßeltern gekannt.

Sie können aus frisch gesammelten oder aus getrockneten Pflanzen sehr wirkungsvolle Abwehrmittel selbst herstellen. Die gebräuchlichsten Spritzmittel aus Pflanzen sind der Tee, die Brühe, die Jauche und der kalte Auszug.

Der Tee

Für die Zubereitung eines Pflanzentees wird eine vorgeschriebene Menge kochenden Wassers über zerkleinerte Pflanzenteile, die im Rezept angegeben

sind, gegossen. Der Tee wird mit einem Deckel zugedeckt und muß etwa 15 Minuten durchziehen. Anschließend wird die Flüssigkeit abgesiebt. Sie können den Tee nach dem Abkühlen als Spritzmittel einsetzen. Je nach Rezept wird er verdünnt oder pur verwendet.

Der kalte Auszug

Die angegebene Pflanzenmenge wird mit kaltem Wasser übergossen. Der Ansatz bleibt einige Stunden bis maximal 24 Stunden stehen und darf nicht gären. Nach dem Absieben wird der Auszug ausgespritzt.

Die Brühe

Pflanzenteile werden zerkleinert, in der angegebenen Menge Wasser eingeweicht und mindestens 24 Stunden stehen gelassen. Das Ganze wird am nächsten Tag aufgekocht und anschließend etwa 30 Minuten bei niedriger Hitze geköchelt. Nach dem Erkalten wird die Brühe durch ein feines Haarsieb gegossen, damit keine Pflanzenreste zurückbleiben und die Spritzdüse verstopfen. Die konzentriert vorliegende Brühe wird je nach Rezept verdünnt.

Die Jauche

Die angegebene Menge an frischen Pflanzen oder getrockneten Kräutern wird in einem großen Gefäß, zum Beispiel einem Faß oder einer Tonne, mit Wasser angesetzt. Bei hohen Außentemperaturen ist die Jauche nach etwa 10 Tagen fertig, bei kühler Witterung dauert der Gärungsvorgang etwas länger. In dieser Zeit muß die Flüssigkeit öfter kräftig gerührt werden. Wenn die Pflanzenteile sich absetzen und die Flüssigkeit eine relativ klare, bräunliche Farbe annimmt, ist die Jauche fertig. Dieses Spritzmittel wird wie vorgeschrieben verdünnt und ausgespritzt.

Der Behälter wird nicht sofort zugedeckt, damit Wärme und Sauerstoff den Zersetzungsprozeß begünstigt. Legen Sie aber ein Gitter darauf, damit keine Tiere in die Flüssigkeit fallen. Später sollte der Behälter abgedeckt werden. Neben der schädlingsvertreibenden Wirkung haben bestimmte Jauchen bodenverbessernde Eigenschaften.

Brennesseln und andere Kräuter werden kleingehackt.

Wasser und zerkleinerte Pflanzenteile werden gut miteinander vermischt.

Die Flüssigkeit wird öfter umgerührt. Eine Handvoll Gesteinsmehl verhindert Gerüche.

Nach 10 bis 14 Tagen, wenn die Flüssigkeit eine bräunliche Farbe bekommt, ist die Jauche fertig.

Jauchen und Spritzbrühen auf pflanzlicher Basis

Sie sollten sich mit den verschiedenen Pflanzen, die für Spritzbrühen verwendet werden, etwas vertraut machen, bevor Sie ans Werk gehen.

Ackerschachtelhalm

Dieses urtümliche Gewächs pflanzt sich wie Farne und Moose durch Sporen fort. Die etwa 50 cm hohen Pflanzen sehen wie kleine Bäumchen aus. Der Acker-

Verwechseln Sie den Acker-schachtelhalm nicht mit seinen zahlreichen Verwandten.

schachtelhalm *(Equisetum arvense)* enthält sehr viel Kieselsäure, andere Säuren und Bitterstoffe. Bei Blatt-läusenbefall hilft die Jauche dieser Pflanze.

Schneiden Sie im Sommer das ganze Gewächs ab. Jetzt ist nämlich der Kieselsäure-gehalt am höchsten. Für 10 Liter Wasser benötigen Sie 1 bis 1,5 kg frischen Ackerschachtelhalm oder etwa 200 g getrocknetes Kraut. Sie können wie oben beschrieben vorgehen. Nach etwa drei Wochen ist die Jauche fertig und kann 1:5 verdünnt ausgespritzt werden.

Brennessel

Wer kennt diese ausdau-ernde Pflanze mit den Brennhaaren nicht? Die Große und die Kleine Brennessel *(Urtica dioica, U. urens)* wachsen beide auf humusreichen Böden. Das Nesselgift, das bei Berührung die roten Schwellungen auf der Haut verursacht, ist auch gegen die Blattläuse wirksam. Die Pflanze enthält außerdem verschiedene Säuren und Vitamine.

Schneiden Sie die Pflanzen, bevor sie Samen bilden. Vergessen Sie nicht, dabei Handschuhe zu tragen.

Die buschigen Stauden der Großen Brennessel können bis 1,50 m hoch werden.

Gegen Blattläuse kann Brennessel-Jauche verwen-det werden. Für 10 Liter Jauche brauchen Sie 1 kg frische Brennesseln oder 150 bis 200 g getrocknetes Brennesselkraut. Sie kön-nen die Jauche in einer Kunststofftonne oder in einem Holzfaß ansetzen. Gegen unangenehme Gerüche, die während des Gärungsvorganges ent-stehen, hilft eine Handvoll Gesteinsmehl.

Sie können gegen Blattläuse auch die noch gärende Jauche verwenden. Etwa 4 bis 5 Tage nach dem Ansatz befindet sich die Flüssigkeit noch mitten im Gärprozeß und kann im Verhältnis von 1:50 verdünnt eingesetzt werden.

Ein Brennessel-Kaltwasser-Auszug ist ebenfalls wirksam gegen Blattläuse. Für 10 Liter Auszug benötigen Sie 1 kg Brennesseln. Nach etwa 20 Stunden wird die Flüssigkeit abgegossen und unverdünnt ausgespritzt. Bei starkem Schädlingsbefall muß die Behandlung mehrere Tage hintereinander wiederholt werden.

Wurmfarn und Adlerfarn

Die Brühen aus diesen Farnarten werden seit Jahrhunderten als Pflanzschutzmittel verwendet. Die Farnkraut-Jauche ist bei Blattlausbefall besonders wirksam. Diese Farnarten

(*Dryopteris filix mas* und *Pteridium aquilinum*) sind weitverbreitet, und die Blattwedel können ab Juni gesammelt werden. Sie lassen sich aufgehängt gut trocknen. Die Wirkstoffe sind vermutlich wie die der Wurzel ätherische Öle, Gerb- und Bitterstoffe.

Für 10 Liter Jauche brauchen Sie 1 kg frisches Farnkraut oder etwa 150 g getrocknetes Kraut. Vor der Anwendung sollte die Jauche 1:10 verdünnt werden.

Rainfarn

Trotz seines Namens ist diese Pflanze kein Farn, sondern ein Korbblütler. Sie ist reich an ätherischen Ölen, Gerb- und Bitterstoffen. Diese alte Heil-

Der Rainfarn ist eine ausdauernde Pflanze, die sehr verbreitet ist.

pflanze (früher als Wurmmittel verwendet) kann in zu großen Mengen bei Menschen zu Vergiftungen führen. Von Juli bis September können Sie die Blätter, Stengel und Blüten des Rainfarns *(Tanacetum vulgare)* schneiden, denn sie alle enthalten die Wirkstoffe. Lassen Sie die Pflanzenteile trocknen. Für einen Tee, der gegen Blattläuse eingesetzt werden kann, benötigen Sie etwa 30 g getrocknete Blüten für 1 Liter kochendes Wasser. Der Tee wird nach dem Abkühlen unverdünnt ausgespritzt. Die restlichen

Die gefiederten Blätter des Adlerfarns bilden mehrere Etagen.

Eine Brühe aus Rhabarberblättern ist gegen Blattläuse sehr wirksam.

Pflanzenteile können Sie als Jauche oder Brühe gegen andere Schädlinge wie Milben oder bei Pilzerkrankungen einsetzen.

Rhabarber

Diese Pflanze wird gerne für die Küche verwendet – für Kuchen oder als Marmelade. Allerdings nur die säuerlich schmeckenden Stengel sind für den Menschen genießbar, weil die Blätter der Pflanze die für uns giftige Oxalsäure und Glykoside enthalten. Für Jauchen und Brühen gegen Schädlinge werden deshalb nur die

Blätter des Rhabarbers *(Rheum rhabarbarum)* genommen. Für eine gegen Blattläuse wirksame Jauche brauchen Sie 1 kg frische, zerkleinerte Blätter auf 10 Liter Wasser. Sie wird anschließend 1:5 verdünnt und ausgesprüht.
500 g zerkleinerte Rhabarberblätter in 3 Liter Wasser ergeben eine Brühe, die nach dem Absieben unverdünnt besonders bei Schwarzen Blattläusen hilft.

Wermut

Das Wermutkraut enthält ätherische Öle, Bitter- und Gerbstoffe sowie Harz. Durch diese Inhaltsstoffe zählt es zu den wirksamsten Abwehrmitteln gegen Blattläuse. Sie können den Wermut *(Artemisia absinthium)* leicht im Garten ziehen und während der Blütezeit, wenn die Wirkstoffe am intensivsten sind, die Stengel schneiden. Gegen Blattläuse können Sie Jauche, Tee oder Brühe anwenden. Für 10 Liter Wasser brauchen Sie 300 g frischen Wermut oder 30 g getrocknetes Kraut. Die Jauche wird unverdünnt über die befallene Pflanze und im Wurzelbereich gespritzt. Wermut-Tee und -Brühe werden ebenfalls unverdünnt bei Blattlausbefall ausgespritzt.

Der Wermut wächst in Mittel- und Südeuropa wild.

Abwehrmittel aus natürlichen Grundstoffen

Eine Alternative oder aber eine Ergänzung zu Spritzbrühen stellen Abwehrmittel aus mineralischen und anderen natürlichen Grundsubstanzen dar.

Alaun

Alaun ist ein Doppelsalz aus Kalium- und Aluminiumsulfat. Er diente schon im Altertum als Gerbmittel und wird noch heute als Beizmittel in der Färberei, zur Leimung von Papier sowie als blutstillendes Mittel verwendet. Früher wurde Alaun aus Alaunschiefer gewonnen, heute erhält man ihn aus Ton oder Kaolin.

Alaun wird in kristalliner Form verkauft. Er sieht wie Puderzucker aus.

Eine Lösung aus dieser Substanz ist ein gutes Abwehrmittel unter anderem gegen Blattläuse, die nicht getötet, sondern abgeschreckt werden. 50 g Alaun wird in 1 Liter kochendem Wasser aufgelöst. Anschließend wird das Ganze auf 10 Liter aufgefüllt. Die Lösung spritzt man unverdünnt aus. Der Nachteil ist, daß auf den Blättern und Früchten ein Belag entsteht, der nur durch gründliches Waschen mit warmem Wasser entfernt werden kann. Kurz vor der Obst- und Gemüseernte sollten Sie deshalb zu anderen Mitteln greifen.

Quassiaholz

Die Bitterstoffe dieser tropischen Baumart sind für Blattläuse absolut tödlich. Das Quassiaholz wird als zerkleinerte Bittterholzstückchen verkauft. Die Brühe davon ist ein altbewährtes Pflanzschutzmittel. Um die Inhaltsstoffe aus dem Holz zu lösen, setzen Sie etwa 200 g Quassiaholz in 2 Liter Wasser an, und lassen Sie das Ganze über Nacht stehen. Kochen Sie die Brühe anschließend eine Stunde lang auf. Sieben Sie dann die fertige Brühe ab, und füllen Sie je nach gewünschter Intensität 10 bis 20 Liter Wasser nach. Die Lösung kann den ganzen Sommer verwendet werden. Beachten Sie aber, daß dieses Fraß- und Berührungsgift auch für andere, zum Teil nützliche Insekten tödlich ist. Daher sollte die Quassia-Brühe nur in Notfällen eingesetzt werden.

Nach dem Spritzen mit einer Alaunlösung ist es unbedingt notwendig, die Tomaten vor der Ernte mit warmem Wasser gründlich zu waschen.

Schmierseifen-Spiritus-Lösung

Die Schmierseife wurde schon von unseren Urgroßeltern im Garten eingesetzt. In richtiger Konzentration angesetzt ist sie ein hervorragendes Abwehrmittel gegen Blattläuse, Spinnmilben und andere Schädlinge.

Lösen Sie etwa 200 g Schmierseife in 10 Liter heißem Wasser auf, und spritzen Sie die Flüssigkeit nach dem Abkühlen unverdünnt aus.

Wird die Seifenlösung mit Spiritus vermischt, verstärkt sich die Wirkung. Zu 10 Liter Seifen-Lösung darf maximal 0,1 bis 0,3 Liter Spiritus zugefügt werden.

Schmierseifenlösung sollte nicht ökologisch bedenkenlos verwendet werden. Nach neueren Untersuchungen sind besonders bei unreinen Seifen die Gefahren für andere Tiere wie einige Nützlinge, für die Pflanzen und für die Natur recht groß. Die Zugabe von Spiritus vergrößert die ökologischen Bedenken.

Sie bekommen im Biohandel reine Kali-Seife ohne Zusätze. Diese hat einen pH-Wert unter 10 und schadet den Pflanzen kaum. Ver-

wenden Sie für die Seifenlösung keine Haushaltsschmierseife.

Streumittel

Es gibt Abwehrmittel, die die Schädlinge fernhalten, ohne sie zu töten. Algenkalkstaub zum Beispiel wird fein über die Blätter der Pflanze gestreut und wirkt dadurch abwehrend gegen Blattläuse und andere Insekten. Für kalkmeidende Gewächse ist dieses Mittel jedoch nicht geeignet. Algenkalk wird aus den Ablagerungen bestimmter Meeresalgen gewonnen. Gegen Blattläuse wirksam sind auch Gesteinsmehle. Verteilen Sie das Steinmehl am frühen Morgen über die noch taunassen Pflanzen. Die Läuse empfinden dieses Mittel als unangenehm und verlassen das Gewächs. Die Folgen von Gesteinsmehlen für Nütz-

linge wie Marienkäfer oder Schwebfliegenlarve sind noch nicht bekannt. Daher sollten Sie mit diesem sonst empfehlenswerten Abwehrmittel etwas vorsichtig umgehen. Versuchen Sie beim Verteilen des Steinmehls, es nicht einzuatmen, da dieses Streumittel für die Lungen schädigend sein kann.

Algenkalkstaub hält Schädlinge fern, ohne sie zu töten.

Wo bekommt man die Zutaten für Abwehrmittel aus natürlichen Grundstoffen?

– **Alaun** (Kalium-Aluminium-Sulfat):   in der Apotheke oder Fachdrogerie

– **Brennspiritus** (Äthylalkohol):   in der Apotheke oder Fachdrogerie

Brühen in der Übersicht

Pflanze	Wieviel	Art der Brühe	Tips
Ackerschachtel-halm ganze Pflanze	für 10 l Wasser 1–1,5 kg frisch 150–200 g ge-trocknet	Jauche (1:5 verdünnt)	Mit Brennesseln gemischt dient sie zur Stärkung von Pflanzen.
Brennessel ganze Pflanze, keine Samen	für 10 l Wasser 1 kg frisch 150–200 g ge-trocknet	gärende Jauche (1:50 verdünnt) Kaltwasserauszug (unverdünnt)	Mischung von 1 l gärender Jauche mit 1/2 l Acker-schachtelhalm-brühe steigert die Wirkung.
Farnkraut (Adlerfarn, Wurmfarn) Blattwedel	für 10 l Wasser 1 kg frisch etwa 200 g ge-trocknet	Jauche (1:10 verdünnt)	
Rainfarn blühende Pflanze	für 1 l Wasser 30 g getrocknet	Tee (unverdünnt)	
Rhabarber Blätter	für 3 l Wasser 500 g frisch für 10 l Wasser 1 kg frisch	Brühe (unverdünnt) Jauche (1:5 verdünnt)	mindestens dreimal hintereinander spritzen
Wermut blühende Triebspitzen	für 10 l Wasser 300 g frisch 30 g getrocknet	Jauche (unverdünnt) Tee (unverdünnt) Brühe (unverdünnt)	

Kapuzinerkresse zieht vor allem die Schwarzen Läuse an und entlastet dadurch den Obstbaum.

...

Tiere als Helfer gegen Blattläuse

Wie alle Lebewesen haben auch die lästigen Blattläuse natürliche Feinde. Das Schonen und Fördern dieser Tiere ist eine der wirksamsten Methoden der biologischen Schädlingsbekämpfung. Der gezielte Einsatz solcher Nützlinge ist im Haus- und Kleingartenbereich sehr erfolgversprechend. Damit die nützlichen Tiere sich zahlreich in Ihrem Garten einfinden, sollten Sie ihnen die Lebensräume schaffen. Lernen Sie Ihre kleinen Helfer gut kennen, damit Sie sie schützen und fördern können und sie nicht womöglich für Schädlinge halten.

Der intensiv duftende Lavendel vertreibt die Blattläuse von den benachbarten Rosen.

Blattlausabwehrende Pflanzen

Die natürliche Schädlingsabwehr mit richtigen Partnern für Ihre Pflanzen ist ein wirkungsvolles Mittel. Bei ausgewählter Zusammenstellung halten bestimmte Gewächse Schädlinge wie Blattläuse voneinander fern.

Kapuzinerkresse für Obstbäume

Jeder Gärtner kennt die Vorliebe der Blattläuse für diese bunten Sommerblumen. Pflanzen Sie die Kresse auf die Baumscheibe von Obstbäumen und schon werden diese frei von Läusen sein. Denn sie werden von der Kapuzinerkresse stärker angezogen als von den ebenfalls verführerischen Obstbäumen.

Lavendel für Rosen

Der intensiv duftende Lavendel vertreibt die Blattläuse von den Rosen in der Nachbarschaft. Außerdem ist er ein optisch reizvoller Partner für diese edlen Blumen.

Bohnenkraut für Bohnen

Säen Sie das starkduftende Bohnenkraut am Rand des Bohnenbeets oder zwischen den Reihen aus. Sie werden sehen, die lästige Schwarze Bohnenblattlaus bleibt dem schmackhaften Gemüse fern.

Marienkäfer

Der Glückskäfer ist wohl der bekannteste Nützling überhaupt. Es gibt etwa 70 heimische Arten, die unterschiedliche Farben (Gelb, Orange, Braun, Rot und Schwarz) und Punktzahl (2-, 7-, 10-, 14- und 22-Punkt) aufweisen. Der Siebenpunkt ist die bekannteste Art und wird bis zu 9 mm groß. Käfer und Larven ernähren sich ausschließlich

Der beste Helfer des Gärtners im Kampf gegen Blattläuse ist der Marienkäfer.

von Blattläusen. Ein ausgewachsenes Tier kann bis zu 150 Blattläuse am Tag vertilgen. Die Larve frißt während ihrer 2- bis 3wöchigen Entwicklungszeit etwa 500 bis 800 Tiere. Der Marienkäfer *(Coccinellidae)* legt seine Eier im Frühling in der Nähe von Blattlauskolonien ab, wo die ausschlüpfenden Larven genug Nahrung vorfinden. Allerdings müssen Sie mit Winterspritzungen an Obstgehölzen vorsichtig sein. Durch das Töten der Schädlinge kann es sein, daß die Larven sowie die ersten Marienkäfergenerationen nicht genug Nahrung vorfinden. Die Läuse erholen sich aber schnell und vermehren sich wieder, so daß das Gleichgewicht zwischen Schädling und Nützling gestört wird. Im Herbst sollten Sie den Käfern Unterschlupfmöglichkeiten zwischen Steinen, unter einer Laubdecke und in kühlen Ecken im Haus bieten, denn die erwachsenen Tiere überwintern.

Gallmücken

Nicht alle Vertreter dieser Mückenart sind Schädlinge wie die Erbsengallmücke, die die bekannten Pflanzengallen bilden. Es gibt Gall-

Die Larven sind zwar nicht so hübsch wie die bunten Marienkäfer selbst, aber sie ernähren sich ebenfalls von Blattläusen.

mücken *(Itonididae)*, die Schädlinge fressen und daher zu den Nützlingen gerechnet werden. Besonders eine Art *(Aphidoletes aphidimyza)* hat sich auf Blattläuse spezialisiert. Sie hält sich in Obstbäumen und Beerensträuchern auf. Die Insekten werden etwa 2,5 mm groß und können Menschen nicht stechen. Die erwachsenen Tiere ernähren sich vom Honigtau der Blattläuse, während die Larven die Blattläuse selbst fressen. Die weibliche Gallmücke lebt ungefähr eine Woche und legt in dieser Zeit auf Blättern mit Blattläusen ihre Eier ab. Die orangeroten Larven, die nach einigen Tagen ausschlüpfen, stürzen sich

auf die Blattläuse. Ihre Entwicklung ist nach einer Woche beendet, und sie verpuppt sich. Nach weiteren zwei Wochen schlüpfen die erwachsenen Gallmücken. Durch den schnellen Wachstumszyklus entstehen jeden Sommer mehrere Generationen. Starke Spritzmittel töten auch die Gallmücken.

Sie können im Zimmer oder im Wintergarten die Gallmücken gezielt einsetzen. Sie sind im Fachhandel zu bestellen und werden im Puppenstadium verschickt. Die im Torf eingebetteten Tiere verteilt man als kleine Häufchen auf der Topferde der befallenen Pflanzen. Das Substrat muß feuchtgehalten werden. Nach einer Woche können Sie die orangroten Larven in den Blattlauskolonien entdecken. Nach zwei Wochen können Sie weitere Puppen freilassen.

Die zarte Florfliege und ihre Larve zählen zu den natürlichen Feinden der allgegenwärtigen Blattläuse.

Florfliegen

Diese hellgrünen zarten Insekten nennt man auch Goldauge, da sie auffallende goldgelbe Augen haben. Die erwachsenen Tiere werden etwa 1,5 cm groß. Sie ernähren sich von Blattläusen, aber auch von Honigtau und Nektar. Die Larven der Florfliege *(Chrysopidae)*, volkstümlich auch Blattlauslöwe genannt, gehören zu den eifrigsten Blattlausvertilgern und fressen während ihrer zwei- bis dreiwöchigen Entwicklungszeit etwa 500 Blattläuse pro Tier. Wichtig ist, die Eigelege und die Larven zu schonen sowie den Weibchen ungestörte Winterquartiere zu bieten. Die Florfliege läßt sich auch ausgezeichnet im Haus und Wintergarten einsetzen. Sie werden im Larvenstadium in Waben aus Pappe verschickt. Die Larven verteilt man gleichmäßig auf der befallenen Pflanze. Sie sind nachtaktiv und können abends beim Fressen beobachtet werden. Nach etwa drei Wochen sollten Sie weitere Larven freilassen, damit der Blattlausbefall deutlich reduziert wird. Bei diesen gekauften Nützlingen hört die Entwicklung aus bisher nicht erklärbaren Gründen nach dem Puppenstadium auf. Der Vorteil ist, daß Sie keine Florfliegenschwärme in der Wohnung haben.

Schwebfliegen

Diese besonders wichtigen Nützlinge sehen zwar wie gefährliche Wespen aus, aber sie stechen nicht und sind harmlos. Es gibt in

Nach dem Ausstreuen der winzigen Larven der Schwebfliege, können die Tiere mit einer Lupe beobachtet werden.

Schwebfliegenlarven sehr empfindlich.

Dieser Nützling kann seit kurzem auch gezielt bei Befall von Balkonpflanzen eingesetzt werden. Vom Fachmann werden die Larven in Buchweizenspelzen geliefert. Sie werden direkt über die Blattlauskolonien gestreut. Vorher sollte die Pflanze etwas mit Wasser besprüht werden, damit die Larven besser haften bleiben. Die winzigen Tiere beginnen sofort zu fressen. Mit einer Lupe lassen sie sich gut beobachten. Der Einsatz von Schwebfliegen für Zimmerpflanzen ist noch nicht vollständig erprobt.

Deutschland über 300 Schwebfliegenarten, von denen besonders *Episyrphus baltaetus* zu den bedeutendsten Blattlausjägern zählt. Sie kommt im Garten sehr häufig vor. Die überwinternden Weibchen legen ihre Eier sehr früh ab, aus denen bereits nach einigen Tagen die durchsichtigen Larven schlüpfen. Eine Larve kann während ihrer zweiwöchigen Entwicklungszeit bis zu 700 Blattläuse aussaugen. In manchen Jahren bilden sie bis zu fünf Generationen. Gestalten Sie Ihren Garten blütenreich, damit Sie die Schwebfliegen *(Syrphidae)* anlocken. Sie lieben Doldenblütler wie Wilde Möhre und Dill, aber auch gelbe Korbblütler. Über ihre Winterquartiere ist nicht viel bekannt, aber gelegentlich

werden sie in Mauerspalten entdeckt. Gegen Spritzmittel wie Spiritus oder Pyrethrum-Präparate, die zur Abwehr von Blattläusen eingesetzt werden, sind die

In den aufgeblähten Blattläusen (Blattlausmumien) wachsen die Schlupfwespen heran.

Schlupfwespen

Diese Hautflügler sind spezialisierte Parasiten. Die erwachsene Blattlaus-Schlupfwespe *(Ichneumonidae)* besitzt einen Legebohrer, mit dessen Hilfe sie ein Ei direkt in eine Blattlaus legt. Daraus schlüpft bald eine Larve, die sich vom Wirt ernährt. Kurz vor der Verpuppung stirbt die Blattlaus. Sie schwillt an, verfärbt sich hellbraun und wird ganz hart („Blattlausmumie"). Diese Schlupfwespe parasitiert nur die Grüne Pfirsichblattlaus. Es gibt Schlupfwespenarten, die ihre Eier in die Larven und Puppen von anderen Insekten legen.

Mit Doldenblütlern können Sie auch Schlupfwespen anlocken. Achten Sie auch darauf, daß ihre Larven manchmal in den Blattlausmumien überwintern. Entfernen Sie daher die abgeschnittenen Zweige nicht ohne Kontrolle.

Für Zimmerpflanzen und im Gewächshaus können diese Nützlinge gezielt eingesetzt werden. Sie werden in Flaschen verschickt. Man läßt die geöffnete Flasche in der Nähe befallener Pflanzen stehen, damit die Tiere ihre Eier ablegen können.

Bekämpfung mit Pflanzenschutzmitteln

Als Hobbygärtner hat man nicht immer genügend Zeit, um die auf den vorhergehenden Seiten beschriebenen Spritzbrühen selbst herzustellen. Oft kann man auch die erforderlichen Zutaten nicht in gleichbleibender Qualität beschaffen. Dadurch kann es schon einmal vorkommen, daß die Behandlung mit der Pflanzenbrühe oder -jauche nicht den gewünschten Erfolg bringt. In diesem Fall wäre man froh, auf ein Fertigpräparat zurückgreifen zu können.

Der Einsatz von käuflichen Pflanzenschutzmitteln ist

Zugelassene Pflanzenschutzmittel müssen mit diesem Zulassungsstempel gekennzeichnet sein.

bei vielen Menschen immer noch mit dem Begriff Chemie verbunden, wodurch der Pflanzenliebhaber verunsichert wird. In der Tat hat in den letzten Jahren auch in der chemischen Industrie ein Umdenken stattgefunden, und Sie finden im Fachhandel einige zugelassene Pflanzenschutz-

Gefahrensymbole und Gefahrenbezeichnungen müssen auf der Packung stehen.

T+ = sehr giftig

Xn = mindergiftig

Xi = reizend

T = giftig

C = ätzend

F = leicht entzündlich

Da die Schädlinge vor allem die Blattunterseite befallen, ist es wichtig, die Brühe von unten nach oben zu spritzen.

mittel, die auch in Wohnräumen und auf dem Balkon relativ unbedenklich eingesetzt werden können. Solche Präparate müssen von der Biologischen Bundesanstalt für Land- und Forstwirtschaft zugelassen werden, bevor sie auf den Markt kommen. Sie tragen dann den entsprechenden Zulassungsstempel dieser Behörde. Jedes Mittel muß vor der Zulassung auf seine Wirksamkeit, die Giftigkeit und auf eventuelle Umweltschäden hin getestet werden. Die Ergebnisse dieser Untersuchungen müssen dem Packungstext zu entnehmen sein. Deshalb ist das gründliche Lesen dieses Textes unbedingt erforderlich, bevor Sie das Präparat erwerben. Der Hersteller muß die Zulassung in bestimmten Abständen neu beantragen.

Wenn Sie sich für fertige Pflanzenschutzmittel entschieden haben, sollten Sie bei der Anwendung einige wichtige Punkte beachten. Die richtige Auswahl des Präparates kann nur getroffen werden, wenn Sie ganz genau wissen, welcher Schädling Ihre Pflanzen befallen hat. Denn zum Teil wirken die Produkte ganz spezifisch und zeigen nicht bei allen Schaderregern eine Wirkung.

Wie bei natürlichen Pflanzschutzmitteln ist auch hier der richtige Zeitpunkt für eine Anwendung wichtig. Wollen Sie nämlich schöne Früchte ernten, müssen Sie das Präparat schon einige Monate früher ausbringen. Achten Sie unbedingt darauf, daß das Mittel nicht giftig für den Anwender ist. Die Präparate werden verschieden eingestuft: „sehr giftig", „giftig", „ätzend", „gesundheitsschädlich". Ziehen Sie bienenfreundliche und nützlingsschonende Produkte vor. Wählen Sie Präparate mit kurzer Wirkungsdauer aus. Über diese Punkte gibt das Etikett der Packung Auskunft.

Sie sollten auch darauf achten, ob das Mittel fischgefährdend ist. In diesem Fall darf es nicht in Wohnungen mit Aquarien und Terrarien eingesetzt werden. Auch bei Pflanzen, die sich in der Nähe eines Gartenteiches befinden, ist von einer Behandlung abzuraten.

Bei der Anwendung sollten Sie sich unbedingt an die Gebrauchsanweisungen des Herstellers halten.

Es gibt Pflanzenschutzmittel, die gestreut, gegossen oder gespritzt werden. Für Kleingärtner sind auch Sprühsysteme (Spezialflasche und Dosierkapsel) erhältlich, die genau nach der von der Biologischen Bundesanstalt festgelegten Menge dosiert werden.

Präparate aus Naturpyrethrum

Produkte, deren Wirkstoff Pyrethrum ist, werden bei der Bekämpfung von saugenden Schädlingen wie Blattläuse und Thripse eingesetzt. Pyrethrum wird aus den Blüten einer afrikanischen Chrysanthemenart gewonnen. Dieses Mittel ist ein Kontaktgift. Es dringt in die Insektenkörper und wirkt als Nervengas. Dies bedeutet, daß die Schädlinge direkt mit der Lösung in Berührung kommen müssen, damit sie eine Wirkung zeigt. Deshalb müssen alle befallenen Pflanzenteile sorgfältig besprüht werden. Pyrethrum wird sehr schnell abgebaut und zeigt bereits nach zwei Tagen keine Wirkung mehr. Es wird entweder allein oder in Kombination mit dem chemischen Zusatzstoff Piperonylbutoxid, der die Abwehrmechanismen der Insekten gegen Pyrethrum blockiert, verwendet. Das Naturpyrethrum ist weitgehend bienenschonend, aber sonst giftig auch für eine Reihe von Nützlingen, wenn diese direkt getroffen werden. Außerdem wirkt es stark

Präparate aus Naturpyrethrum sollten nicht regelmäßig verwendet werden.

fischgiftig. Daher müssen Aquarien- und Terrarienbesitzer damit vorsichtig umgehen. Haustiere und Menschen sind durch den Wirkstoff nicht gefährdet. Das Naturpyrethrum ist im Fachhandel z. B. unter dem Namen Spruzit erhältlich. Nicht zu verwechseln die auf dem Markt befindlichen chemisch-synthetisch hergestellten Pyrethroide. Diese werden schlechter abgebaut als das Naturpyrethrum und führen zur Resistenz der behandelten Insekten.
Der Erfolg einer Behandlung mit Pyrethrum zeigt sich zwar recht bald, aber dieses Mittel sollte trotzdem nur in Notfällen, wenn alles andere versagt hat, verwendet werden.

Präparate aus natürlichen Fettsäuren

Fettsäuren werden aus natürlichen Ölen gewonnen. Produkte, die Fettsäuren enthalten, sind besonders gegen saugende Insekten wie Blattläuse und Spinnmilben wirksam. Es handelt sich hier ebenfalls um ein Kontaktgift. Wenn die Insekten damit in Berührung kommen, wird ihre Hautstruktur zerstört und sie vertrocknen. Auch die

Beim Spritzen sollte man aus gesundheitlichen Gründen einen Mundschutz tragen.

Atemwege werden angegriffen. Die Spritzung muß meistens ein- bis zweimal in einem Abstand von einer Woche wiederholt werden, weil die Eier und Larven der Schädlinge nicht getötet werden. Auch bei starkem Blattlausbefall trifft man nicht sofort alle Tiere. Das bekannteste Mittel auf der Basis von Fettsäuren ist im Fachhandel unter dem Namen Neudosan erhältlich. Es ist weitgehend nützlingsschonend, kann aber unter Umständen die Larven der Schwebfliege schädigen.

Bezugsquellen

Ing. G. Beckmann
88239 Wangen im Allgäu
(Schneckenzaun)

Institut für Gemüsebau der FH
Weihenstephan
85354 Freising
(Nützlinge)

Keller GmbH & Co. KG.
Biogarten und Gesundheit
79100 Freiburg i. Br.
(Schneckenfallen, Schnecken-
granulat, Schneckenzaun)

W. Neudorff
31857 Emmerthal
(Pflanzenschutz- und
Pflegemittel, Schneckenzaun,
Nützlinge)

PK-Nützlingszuchten
73642 Welzheim
(Nützlinge)

B. Schäfer, „Flora"
15518 Hangelsberg
(Nützlinge)

Schwegler
Vogel- und Naturschutz-
produkte GmbH
73614 Schorndorf

Snoek GmbH
27356 Rottenburg/Wümme
(Pflanzenschutz- und
Pflegemittel)

**Auskunftsstellen für Fragen
zum Pflanzenschutz:**

Pflanzenschutzamt Berlin
12347 Berlin

Pflanzenschutzamt der Land-
wirtschaftskammer Rheinland
53229 Bonn

Pflanzenschutzamt Bremen
28195 Bremen

Fachhochschule Weihenstephan
Institut für Botanik und
Pflanzenschutz
85350 Freising

Pflanzenschutzamt
Sachsen-Anhalt
39114 Magdeburg

Landesanstalt für
Pflanzenschutz
55128 Mainz

Landesanstalt für
Pflanzenschutz
70197 Stuttgart

**Untersuchungsanstalten in
Ihrer Nähe erfragen Sie bei:**

Verband staatlicher Boden-
untersuchungsanstalten
64293 Darmstadt

Literatur

D./P. Baumjohann:
Biologischer Pflanzenschutz
für Haus, Wintergarten und
Balkon
Ulmer, Stuttgart

Manfred Fortmann:
Das große Kosmosbuch der
Nützlinge
Kosmos, Stuttgart

Claudia Graber/Henri Suter:
Schneckenbekämpfung ohne
Gift
Kosmos, Stuttgart

Marie-Luise Kreuter:
Biologischer Pflanzenschutz
BLV, München

Robert Sulzberger:
Wenn Schnecken zur Plage
werden
BLV, München

Register